Alexander von Prónay

Mithras und die geheimen Kulte der Römer

Lebenselement Astrologie

EDITION 2000

AURUM VERLAG · FREIBURG IM BREISGAU

Mit 2 Schwarzweiß-Abbildungen.

Foto Schutzumschlag: Costa.

CIP-Titelaufnahme der Deutschen Bibliothek

Prónay, Alexander von:
Mithras und die geheimen Kulte der Römer:
Lebenselement Astrologie / Alexander von Prónay.
Freiburg im Breisgau: Aurum Verlag, 1989
(Edition 2000)
ISBN 3-591-08286-4

1989
ISBN 3-591-08286-4

Gesamtherstellung: Benziger AG, Graphisches Unternehmen,
Einsiedeln / Schweiz.
Printed in Switzerland.

EDITION 2000

Alexander von Prónay

MITHRAS UND DIE GEHEIMEN KULTE DER RÖMER

Zervan-Aion (2. oder 3. Jh. n.Chr., Bibliothek des Vatikans)

INHALT

Anhang

VORWORT

Vor fünfzehn Jahren, als der erste Entwurf dieses Buches entstand, war das allgemeine Interesse an Astrologie deutlich geringer als heute. Zwar konnten die Sonnenstandsprognosen in den »Horoskop«-Spalten der Presse damals wie heute jene nicht verunsichern, die sich ernsthaft mit diesem Wissensgebiet auseinandersetzen. Doch ist verständlich, daß selbst gutwillige Laien, ganz zu schweigen von Kritikern, sich durch die mehr oder weniger primitive Tierkreiszeichenliteratur nur abgestoßen fühlen mußten. Nach und nach, wenn auch langsam, setzte sich jedoch immer mehr die Erkenntnis durch, daß es neben dieser reinen Unterhaltungsform der Astrologie noch eine seriöse gibt. Zunehmend stieg damit die Nachfrage nach diskutabler astrologischer Literatur, und auch akademisch gebildete Leser verloren die Scheu vor der Sterndeutung.

Da wir nicht in wirtschaftlich unsicheren Zeiten leben, muß dieser Meinungsumschwung anders als mit Zukunftsangst zu erklären sein. Heute fasziniert esoterisches Gedankengut mehr denn je, weil die etablierten Wissenschaften versagt haben, den Menschen eine Sinndeutung ihrer Existenz zu geben. Damit scheint endlich die Zeit herangereift zu sein, auch die historischen Umstände des Werdens der Astrologie zu untersuchen. Nicht nur in der Vor- und Frühgeschichte finden wir eine enge Verwandtschaft zwischen Astrologie und Glauben. Auch in den ersten Perioden der historischen Zeit begegnet uns die Verehrung von Planetengöttern, so vor allem im Mithraskult, der sich zur eigentlichen heidnischen Religion der späten Antike entwickelte.

Will man dem Mithraismus gerecht werden, darf man ihn nicht isoliert von den anderen orientalischen Kulten betrachten. Vor allem aber muß man ihn in Beziehung zu seiner Konkurrenz setzen, dem frühen Christentum. Religion gibt es, seit homo sapiens die Erde bevölkert. Und in den geschichtlichen Zeiten nahm religiöses Leben stets eine Sonderstellung ein, wie sich ja auch religiöse Traditionen von allen anderen am längsten hielten. Dafür gibt es verschiedene Gründe, nicht zuletzt vielfache Tabus, die selbst heute noch über den eigentlichen kirchlichen Bereich hinaus wirkungsvoll verhindern, daß manches beim Namen genannt wird.

Was »heilig« war oder ist, darf nicht ohne weiteres untersucht oder kritisiert werden, weil sonst »heilige Gefühle« verletzt würden. Andererseits waren und sind Diskussionen über Angelegenheiten des Glaubens, mindestens über dessen historischen Aspekt, nicht aufzuhalten. Daß dabei teure Traditionen einen Knacks erhielten oder scheinbar unverrückbare Denkmäler stürzten, konnte nicht ausbleiben.

Eifrige Kirchenmänner, den Finger am Puls der Zeit, meinten, sich der Moderne verpflichten zu müssen, und sie begannen, das Christentum zu entmythologisieren. Daß dabei Standwurzeln ausgegraben wurden, zeigte sich am Einsetzen entsprechender kirchlicher Gegenbewegungen.

Unbestritten bleibt allerdings, daß auch in historisch-religiösen Fragen eine Art Vergangenheitsbewältigung nicht länger aufgeschoben werden sollte. Im Laufe der Jahrzehnte und Jahrhunderte entstand eine Fülle von Literatur über die frühe Periode der Kirche. Geradezu kärglich nehmen sich dagegen selbst in großen Bibliotheken neben den vielen Schriften zum Ur- und Frühchristentum jene einzelnen Werke aus, die den orientalischen Kulten, also der heidnischen Religion der späten Antike, gewidmet sind.

Offensichtlich genügte der Hinweis eines Apologeten wie Tertullian, sie seien eine teuflische Nachäffung des Christentums, so daß es selbst in einschlägigen Werken kaum mehr als Fußnoten über Kybele, Attis, Serapis oder etwa gar Mithras zu finden sind. Wenn es aber in der Zeit um das Jahr 300 »auf des Messers Schneide stand, ob die Welt mithrisch oder christlich würde« (Cumont), muß in der Bewertung der Mysterienkulte ein Mißverhältnis vorliegen.

Es war der blanke Haß, mit dem sich das Christentum für die erlittene Verfolgung rächte und dafür sorgte, die Spuren der heidnischen Kulte so gründlich zu tilgen, daß außer einigen Monumenten, Reliefdarstellungen oder wenigen Bodenfunden kaum mehr etwas auf uns gekommen ist.

Ohne die ungeheure wissenschaftliche Fleißarbeit einer Handvoll Männer wie des Belgiers Franz Cumont oder des Niederländers Maarten J. Vermaseren, die in der Spurensicherung vor allem der Mithrasreligion ihre Lebensaufgabe sahen, wäre es gar nicht möglich, Wesen, Herkunft und Schicksal der orientalischen Mysterienkulte in einen größeren Zusammenhang zu stellen. Diesen Gelehrten gebührt großer Dank.

In diesem Buch wird die Mithrasreligion exemplarisch behandelt. Sie war ja, auf neuplatonischen Vorstellungen beruhend, die eigentliche geistige Klammer des spätantiken Heidentums. Ihren hohen ethischen Gehalt bezog sie aus der Tatsache, daß sie auf der Hochreligion Zarathustras gründete. Das machte sie zu einem Sonderfall. Deshalb konnte sie auch noch nach ihrem Untergang ein Jahrtausend lang in die Zeit hinein fortwirken. Vor der Wende des 20. Jahrhunderts bezeichnete Franz Cumont die chaldäische Astrologie als die »wissenschaftliche Theologie des Mithraismus«. Die Zementierung des mechanistischen Weltbildes zu Lebzeiten dieses Forschers führte zwangsläufig zu einer Geringschätzung und Unterbewertung der Astrologie. Ein Eis, das auch heute noch keineswegs ganz gebrochen ist. Denn das meiste, was mit »Sterndeutung« zusammenhängt, gilt vielen immer noch als suspekt und ist weiterhin mit Vorurteilen befrachtet. Offensichtlich fällt es manchen Wissenschaftlern noch immer schwer, sich von liebgewordenen Vorstellungen zu trennen. Vielen fehlt es auch einfach an astrologischen Kenntnissen.

Die Ausgrabungen Heinrich Schliemanns (1822–1890) in Troja hatten der Archäologie einen starken Auftrieb gegeben, und nachdem 1871 das Deutsche Reich wiedererstanden war, wurden die nationalen Aspekte unserer frühen Geschichte mehr beachtet. Theodor Mommsen (1817–1903) erhielt 1902 als erster Deutscher den Nobelpreis für Literatur. Seine »Römische Geschichte« und sein monumentales Hauptwerk »Römisches Staatsrecht« vertieften das Interesse an der Antike. So wurde damals auf Veranlassung Kaiser Wilhelms II. in der Nähe von Bad Homburg v.d.H. zwischen 1898 und 1907 die Saalburg, ein römisches Kastell des Obergermanischen Limes, wieder aufgebaut. In Österreich grub man um diese Zeit bei Deutsch-Altenburg östlich von Wien, da, wo die alte Bernsteinstraße von Italien noch Nordosteuropa die Donau überschritt, das alte Legionslager Carnuntum und ein Militäramphitheater aus.

In den drei Jahrhunderten nach der entscheidenden Schlacht im Teutoburger Wald im Jahre 9 n. Chr. standen sich Römer und Germanen am Limes gegenüber. Dieser Grenzwall an Rhein und Donau bewahrte nicht nur das römisch besetzte germanische Territorium vor Einfällen der Germanen, er begünstigte auch einen wirtschaftlichen und kulturellen Austausch. Es wäre völlig abwegig, den Limes etwa mit dem »eisernen Vorhang« unserer Gegenwart zu vergleichen.

Während dieser langen Periode brannten in den Tempelgrotten die Feueraltäre und floß das Blut der Opfertiere zu Ehren von Mithras, wurden die Planetengötter, allen voran die unbesiegte Sonne, seit 274 oberste Reichsgottheit der

Römer, verehrt, huldigte man einem »Gott der Unendlichen Zeit«.

Es gab durchaus auch ein geistig-religiöses Element in den Beziehungen der Menschen, die am Limes voneinander lernten. Daß wir heute davon so gut wie nichts wissen, oder besser gesagt, nichts wissen können, lag in den brereits dargelegten Umständen: vorwiegend in der einseitig christlich orientierten Geschichtsschreibung. Vereinfachend machten die Schulbücher z.B. aus einem Herrscher wie Konstantin d.Gr. einen Glaubensstreiter, verunglimpften sie Kaiser Julian als Abtrünnigen. Haß und Feindschaft aber bewirkten Ignoranz, die den Mantel des Vergessens über das Heidentum breitete. Es ist somit kein Zufall, wenn Astrologie sowohl in ihrem historischen Aspekt wie in ihrer Verbindung zur Religion nicht die gebührende Beachtung fand.

März 1989 *Alexander von Prónay*

I

MITHRAS, DER PERSISCHE GOTT AUS DEM FELSEN

Mehr als tausend Jahre Wanderschaft hatte Mithras hinter sich gebracht, bis er in den Tempelgrotten des Römerreichs eine Heimstätte fand, vorzugsweise in den Garnisonen der Legionäre am Limes, dem Grenzwall an Rhein und Donau. Zwar war der Mithraskult im Jahr 67 v. Chr. aus Kleinasien nach Rom gekommen, seine eigentliche Ausprägung, um nicht zu sagen seinen letzten Schliff aber hatte er in Mesopotamien erhalten. Seine frühen Spuren jedoch lassen sich bis in das persische Hochland, seine Heimat, verfolgen, wo sie sich in der steinzeitlichen Vorgeschichte verlieren.

Etwa seit dem fünften Jahrtausend v. Chr. dürften die Bewohner dieses Teils der Erde begonnen haben, Viehzucht zu treiben. Seit damals entwickelte sich ein Hirtenwesen, das in späterer Zeit durch seine Pferdezucht berühmt werden sollte.

Die Felsen, mit denen die Menschen lebten, waren ihnen wohlvertraut. Um sie kreiste ihr Denken, sie waren ewig wie der Himmel, dem sich die Menschen des Hochlandes näher fühlten als die Tieflandbewohner. Nacht für Nacht trat das Heer der Sterne seinen Fackelzug an, bot sich immer das gleiche Schauspiel. Vollzog es sich nicht zu Ehren der Sonne, von der alles Leben abhing? Denn auf sie konnte man zählen wie auf die Steine oder das Firmament. Himmel und Felsen mochten die gleiche Qualität haben. Vielleicht war der Himmel sogar aus Stein? So mochte man sich auch vorstellen, daß ein Himmlischer, ein Gott wie Mithras, von einem Felsen geboren wurde.

Das ist die fromme Legende von der Geburt des Gottes: In gebührender Entfernung von einem heiligen Baum an einem Fluß, in der Nähe von Felsen hatte an einem frühen Morgen eine Gruppe von Hirten gelagert, deren Herden hier weideten. Als die ersten Sonnenstrahlen auf einen Felsen in der Nähe des Baumes fielen, beobachteten sie, wie sich langsam Antlitz und Körper eines jünglinghaften Gottes auf dem Stein abzeichneten und plastisch hervortraten: Mithras entrang sich dem Felsen. Die Hirten staunten, ein Wunder war vor ihren Augen geschehen.

Der Gott, der aus dem Stein heraustrat, war freilich kein Kind mehr, sondern bereits ein gutgewachsener Jüngling. Er war nackt und trug lediglich eine »phrygische Mütze«. Solche aus Stoff oder Leder gefertigte Zipfelmützen gehörten einst zur Tracht der aus Phrygien stammenden kriegerischen Amazonen, waren aber auch ein äußeres Kennzeichen der persischen Bogenschützen. Warum Mithras gerade diese Mütze getragen haben soll, bleibt unerfindlich. Jedenfalls stellen mithrische Kunstwerke den Gott immer mit dieser Kopfbedeckung dar. Möglicherweise ist sie als Hinweis auf den Kämpfer zu verstehen. Als »Jakobinermütze« ist sie übrigens Symbol der Französischen Revolution von 1789 geworden und somit auch in die neuere Geschichte eingegangen.

Mithras war außerdem mit einem Dolch bewaffnet. Das läßt bereits ahnen, warum der Gott auf die Erde gekommen ist: Er wird »den Stier« töten und damit den Menschen das Heil bringen. Wie die Legende weiter berichtet, eilten die Hirten, vom göttlichen Schauspiel überwältigt, herbei, um Mithras anzubeten. Es trug sich nichts anderes zu als bei der Geburt Christi, denn auch die persischen Hirten brachten ihre Erstlingstiere und beschenkten den jungen Gott mit Erntefrüchten.

In gewisser Hinsicht werden diese persischen Hirten, diese ersten Mithrasverehrer, auf einer niedrigen Kulturstufe gestanden haben. Ihre Individualität war sicher nur schwach entwickelt, denn einer war auf den anderen angewiesen, sie gingen zwangsläufig total in ihrer Sippe und in ihrem Stamm auf. Der einzelne hatte keine Chance zu überleben und wird daher eine ganz andere Beziehung zu seinen Brüdern und Verwandten gehabt und sich an sie gebunden gefühlt haben.

Auch zu den Tieren, mit denen der Hirte Tag und Nacht zusammen war, lag ein ungleich engeres Verhältnis vor als etwa bei einem Viehzüchter unserer Tage. Die Hirten der Frühzeit lebten von Kindheit an mit der Herde. Wir wissen, daß die Angehörigen »primitiver« Naturvölker eine ungleich höhere Achtung vor dem Leben, auch vor dem eines Schlachttieres hatten, als es heute der Fall ist.

Eben deshalb verkörpert der heilige Stier, den Mithras töten sollte, mehr als nur ein beliebiges Tier. Seine Existenz sprach die Urinstinkte des Menschen an, er verkörperte für sie das Leben in der Natur, das sie in vielfältiger Form umgab und ihnen diente, in das sie selbst aber auch einbezogen waren.

Die Bas-Reliefs und Monumente, die Mithras verherrlichen, zeigen uns, wie »menschlich« der Gott empfunden hat, als er daran ging, den Befehl des Sonnengottes auszuführen und die Opfertat zu vollbringen. An den Gesichtszügen des jungen Gottes läßt sich ablesen, wie schwer es ihm fiel, mit dem Kurzschwert zuzustoßen und dem edlen Tier das Leben zu nehmen. Aber es mußte geschehen, damit aus dem Blut Heilkräuter, ja, das Leben überhaupt entstehen konnten.

Daß Hirten bei der Geburt anwesend waren, ist ein Mythos, denn sie vollzog sich zu einer Zeit, als es noch gar keine Menschen auf der Erde gab und sich diese im Zustand der Urschöpfung befand. Doch Mythen nehmen es mit der zeitlichen Abfolge nicht so genau.

Vieles, was dem Menschen im Laufe eines Tages begegnete, konnte er sich nicht erklären, denn nicht überall waren die Ursachen von Wirkungen zu erkennen. Daher mußten wohl übernatürliche Mächte im Spiel sein. Wir wissen, daß sich bereits die Neandertalmenschen vor hunderttausend Jahren mit dem Problem des Todes beschäftigten. Er ist schließlich als Ende des Lebens eine so unübersehbare Tatsache, daß sich die Menschen zu allen Zeiten darüber Gedanken gemacht haben müssen. Für viele ist der Tod eine entscheidende Zäsur, für andere ein wirkliches Ende. Er ist das größte »natürliche« Ereignis, das jedem bevorsteht und dem sich keiner entziehen kann. Welche Bedeutung die Hirtenvölker der Antike dem Ableben beigemessen haben, wissen wir nicht. So weit wir aus ihren Lebensgewohnheiten erschließen können, waren die Toten und der Umgang mit ihnen stärker in ihr Dasein einbezogen, als es heute bei uns der Fall ist. Der Tod kann für sie nicht eine letzte Konsequenz gewesen sein.

Hier stoßen wir die Tür zum Bereich der Religion auf, die in früheren Zeiten sichtbarer und unmittelbarer den Menschen berührte, da er doch ständig dem Leben und Sterben in der Natur begegnete, am sichtbarsten bei einer Sonnen- oder Mondfinsternis. Sie wurden als schrecklich empfunden, weil der Mensch seine Beziehungen zum Licht gestört sah, das von der Sonne ausging und das ihm Leben und Wärme brachte. Die Sonne war verehrungswürdig, sie war die Macht, die das Leben schenkte. Es war selbstverständlich, sie anzubeten.

Daraus ergibt sich ein entscheidender Ansatzpunkt für das religiöse Denken der Menschen dieser frühen Epoche. Für das Geschehen am Himmel ließ sich keine verständliche Erklärung finden. Also mußten es »über-natürliche« Kräfte sein. In der Beziehung des Menschen zu ihnen sehen wir den Ursprung der Religion. Mit den Mächtigen mußte man sich gutstellen, mit den Häuptlingen, den Herrschern, erst recht mit jenen, von denen der Mensch sich total abhängig wußte. Das waren die Götter. Zu ihnen zählte das Licht, denn es verursachte die morgentliche Dämmerung, noch bevor die Sonne da war. Aber Licht und Sonne gehörten andererseits auch zusammen wie Regen und Sturm. War nicht das Licht wichtiger als die Sonne? Es erhellte die Hütte, auch wenn die Sonne nicht hineinschien, und es war am Abend noch da, wenn die Sonne schon untergegangen war. Sicher war nur, daß beide zusammengehörten.

Wer oder was aber war die Sonne, die regelmäßig am Himmel ihre Bahn zog? Sie wanderte wie die Hirten. Es lag nahe, sich der Sonne wesensverwandt zu fühlen. Auch das Leben des Menschen war eine ständige Wanderschaft. Man konnte freundlich und heiter sein, aber auch böse oder feindlich. Nicht anders die Sonne, die einmal Wärme und Leben spendete, dann aber auch durch ihre sengende Glut zur Dürre führte, die die Menschen darben ließ. Die Sonne war eine unnahbare Macht. Man dachte sie sich als Person, wenn auch in anderer als menschlicher Art. Der Himmel war ihr großer Wanderweg, von ihm kam auch das Licht. Er führte ein Eigenleben. In der Nacht zog über ihn das Heer der Sterne, hier wandelten die Planeten oder erstrahlte der Mond in seiner sich ständig verändernden Lichtgestalt. Auch der Himmel bedurfte als eine offensichtlich letzte Ursache einer deutenden Erklärung. So wurden ihm göttliche Qualitäten beigemessen. Man nahm einen Himmelsgott an als oberste Instanz. Sie regierte das Universum.

Etwa um 1000 v. Chr., als Perser und Hindus noch vereint waren, hieß dieser Himmelsgott Varuna. Sein Name lebt fort im griechischen Uranos, Himmel. Doch er war nicht der einzige Gott der Indo-Iraner.

1834 entdeckte C. Texier 150 km östlich von Ankara beim Dorfe Bogatzköy die Ruinen von Hattusa, der Hauptstadt des Hethiterreiches. 1907 fand man hier Tontäfelchen mit Götternamen. Sie lassen sich auf das Jahr 1380 v. Chr.

datieren. Auf ihnen taucht erstmals der Name »Mithra« als der eines Gottes auf. Er wurde zusammen mit dem Himmelsgott als Zeuge und Schirmherr eines Vertrages angerufen, den die Hethiter damals mit ihren Nachbarn, den Mitanni, abgeschlossen hatten. Es ist z.Z. noch kein Schriftdenkmal bekannt, das weiter zurückliegend uns den Namen Mithras nennt. Neben der Muttergottheit Anahita war er der bedeutendste der indo-iranischen Götter. Anahita galt als Lebensspenderin und stand mit dem Werden in der Natur in einem besonders innigen Zusammenhang.

»Mithra« bedeutet soviel wie Vertrag. Verträge sah man als heilig an, denn von einer gewissen Entwicklungsstufe an ist menschliches Zusammenleben nur möglich, wenn darüber Absprachen getroffen werden. Als höchste Form der Abmachung sehen wir den schriftlichen Vertrag an. Völkern garantiert er den Schutz des Lebensraumes und damit ein geordnetes Dasein. Ordnung aber ist stets an Recht gebunden. Um wichtige Verträge aufzuwerten, stellte man sie unter den Schutz eines Gottes. In Persien übernahm Mithra diese Funktion. So war er auch der Gott des Rechts und schützte Wahrheit und Wahrhaftigkeit. Es sind jene Eigenschaften, die man bei einem ehrlichen Vertrag beim Partner voraussetzen muß. Naturvölkern galten sie stets als hohe Tugend, wobei dies auf die friedlichen Ackerbau treibenden Völker ebenso zutrifft wie auf Nomaden.

Diese sieht man gerne und wohl auch mit Recht als kriegerisch an, denn sie müssen ihre Herden vor wilden Tieren schützen, sie müssen ihre Weideplätze gegen andere Stämme verteidigen oder in wasserarmen Gegenden um Brunnen kämpfen. Ein soziales Zusammenleben der Menschen, der Sippen wie der Stämme, war nur möglich, wenn man die Abmachungen über die Weideflächen einhielt. So wurden auch diese Mithras unterstellt.

Weil Mithras auch Beziehungen zu Licht und Sonne hatte, nahm er die oberste Stelle der indo-iranischen Götter ein. Er stand sogar noch höher als Varuna.

Im Neupersischen bedeutet »mirh« die Sonne, was uns den Zusammenhang mit Mithras erklärt. Sie ist das am Himmel siegreiche helle Licht, stärker als das des Mondes und der Glanz der Sterne. Wer sich zu ihr, dem hellen Feuer, bekennt, setzt immer auf Sieg. Auf ihn darf man auch hoffen, weil Wahrheit und Recht auf der Seite des Tugendhaften sind.

Folgen wir dieser Begriffskette, dann haben wir die Erklärung, warum Mithras es einmal zum obersten Soldatengott bringen sollte. Seine Herkunft von den Hirten hat er nie verleugnet. Auf den römischen Bas-Reliefs und Monumenten wird Mithras immer von zwei Fackelträgern begleitet, die eine hohe symbolische Bedeutung haben. Sie tragen die Tracht der persischen Hirten. Mithras' Opfertier war von Anfang an der Stier, der stolze und für den Züchter wertvolle Herr der Herde. In geschichtlicher Zeit, als Persien und Indien noch zusammenhingen, entwickelten sich Gemeinsamkeiten einer indo-iranischen Kultur, die sich vor allem im östlichen Grenzgebiet Persiens nachweisen läßt.

Es verwundert daher nicht, daß die Inder einen Lichtgott namens Mitra kennen, der in den Veden, der ältesten Literatur der Welt, in Hymnen gefeiert wird. Veda heißt im Sanskrit soviel wie Wissen, besonders das geoffenbarte Wissen. Auch der vedische Mitra wurde angerufen, wenn es galt, einen Vertrag zu bekräftigen oder wenn ein Gott als Schirmherr eines Vertrages benötigt wurde. Natürlich wird die Schicht jener dünn gewesen sein, die sich ein Bündnis oder einen Vertrag gewissermaßen abstrakt als Gottheit vorstellen konnte. Soviel Aufgeschlossenheit durfte man höchstens bei den Priestern voraussetzen. Die breite Masse wird sich mit einer sinnfälligeren Auslegung der göttlichen Person Mithras zufriedengegeben haben. Im 7. vorchristlichen Jahrhundert gelangte mit dem Wirken Zarathustras die erste frühe Periode der Mithras-Verehrung zu ihrem Abschluß.

II

FEUER, RAUSCH, DÄMONEN – ZARATHUSTRA ENTDECKT DEN TEUFEL

Was wir über den altpersischen Lichtgott Mithras wissen, ist recht dürftig. Die Legenden, z.B. von der Geburt des Gottes, sind einfach, rasch erzählt und haben wenig Farbe für uns. Das Bild ändert sich, als Zarathustra um 600 v. Chr. als Prophet die Bühne betritt. Er fühlt sich auserwählt und berufen zu verkünden, was Ahura Mazda, der »weise Herr«, bei der Erschaffung des Menschen diesem bestimmt hatte: Er sollte für seine guten Werke belohnt und für die bösen Taten bestraft werden.

In seinen Predigten über Ahura Mazda, den Geist des Guten, der auch Ormuzd genannt wurde, erzählte Zarathustra, wie dieser dem Geist des Bösen, Ahriman, entgegentrat, wobei ihm die Engel helfen. Außer Vohu Manah, dem guten Gedanken, ist Ascha, die Gerechtigkeit, dabei. Diese Wesenheiten finden sich bereits in indoiranischer Zeit, doch beginnt man erst später, sie sich als Person vorzustellen. Nach Auffassung der Gelehrten bedeutet Ascha soviel wie Wahrheit, aber in einem umfassenderen Begriff, nämlich als eine kosmische Potenz, die zugleich Norm für das sittliche Verhalten und damit Richtschnur für alle Handlungen wird.

Spenta Armaiti ist die Demut oder Frömmigkeit und wird als göttliche Frau verehrt. Haurvatat, die Vollkommenheit, und Ameretat, die Unsterblichkeit, beschützen Gewässer und Pflanzen. In indoiranischer Zeit bestand die Vorstellung, daß Wasser und Pflanzen Gesundheit bedeuten und vor dem Tode zu bewahren vermögen. Unter Khshatra wird jene Wesenheit erfaßt, die den göttlichen Willen ausdrückt. Als Heldenjüngling personifiziert, tritt Sraosha auf. Er ist der Gehorsam, ohne den der Sieg über den Teufel nicht gelingt.

Wer als Prophet wie Zarathustra einen obersten, guten Gott über alles setzt, stößt zwangsläufig auch auf die Frage, wie das Böse in die Welt gekommen sei, das als Untugend, Laster und Verbrechen doch dem Guten entgegensteht. Zarathustra löst das Problem, indem er eine zweite Dimension einführt und mit diesem Dualismus im zoroastrischen Denken den Ursprung zwischen Gut und Böse in die geistige Welt verlegt. Das Geistige ist eben nicht selbstverständlich gut, es kann u.U. auch böse sein.

Andererseits aber wird auch das Materielle als grundsätzlich gut verstanden und nicht zum Tummelplatz alles Bösen abgewertet, denn auch dieses ist ja ein Werk von Ahura Mazda.

Die kulturellen und wirtschaftlichen Leistungen der Parsen, der letzten Bekenner Zarathustras in der Gegenwart, beweisen, wie sehr sie die irdische Welt achten und hochschätzen. Zarathustra wies den Weg, die materiellen Güter der Erde weise zu nutzen und zu genießen: in dem Maße, wie sie einem frommen Leben förderlich sind. In dieser Religion hat Askese keinen Platz. Einem Parsen kommt es nicht in den Sinn, sich zu kasteien, um dadurch Heiligkeit zu erlangen.

Gutes und Böses liegen miteinander im Widerstreit wie Ordnung und Unordnung. Nach der zoroastrischen Ethik kann der Mensch sich frei entscheiden, und der Weise wird dann für die Wahrheit, für die Ordnung und für das Gute sein. Das ergibt für den Alltag eine positive Lebenseinstellung.

Von den heiligen Gesängen der Parsen, also den in Indien lebenden Zarathustragläubigen, verherrlichen 21 in Hymnen Gottheiten wie Mithra oder Haoma. So wurde ursprünglich eine heilkräftige Pflanze der Gattung Ephedra genannt, aus der die Perser den berauschenden Trank zubereiteten, den der Priester beim Stieropfer benötigte. Der Hymnus drückt aus, daß Haoma göttlich sei. Von den Opfertieren war die Kinnlade und das linke Auge dem Gott Haoma zugeeignet. Dem linken Auge aber entsprach auch der Mond, so daß sich zwischen diesem und Haoma, in Indien Soma genannt, ein symbolischer Zusammenhang ergibt. Bei den heutigen Parsen wird immer noch Haoma als geweihte Flüssigkeit vor dem heiligen Feuer als Opfergabe dargeboten.

Die Priester Zarathustras werden häufig mit einem Bündel Grashalme abgebildet. Es ist der Barsom, der zum praktischeren Gebrauch später aus Metallstäbchen bestand. Er bedeutet die pflanzliche Natur und wird in feierlicher Zeremonie mehrmals mit dem Hom-Saft besprengt, welcher die Gewässer symbolisiert. Sodann werden die Stäbchen auf einer metallischen Unterlage halbmondförmig ausgelegt, denn der Mond gilt seit jeher als Symbol der Fruchtbarkeit. Mithin haben wir es hier mit einem Fruchtbarkeits-Ritus zu tun. Haoma und Barsom spielen eine wichtige Rolle bei den Opferriten der Parsen. Ein Priester unterhält dabei das heilige Feuer und bewegt feierlich die Hände von Ost nach West, womit er den Sonnenlauf andeutet. Sodann ergreift er den Becher mit dem heiligen Saft, berührt damit den Barsom und läßt dann einen anderen Priester, welcher die Rezitationen aus dem heiligen Text übernommen hatte, dreimal daraus trinken. Diese Symbolik erinnert an Mithras, der als Lichtgott vielfach, auch sehr früh in Indien, der Sonne gleichgesetzt wurde. Haoma ist nicht nur sichtbare Pflanze und Flüssigkeit, er ist zugleich der Gott des Rauschtranks.

Bekanntlich ist das Ephedrin, das aus Pflanzen der Gattung Ephedra gewonnene Alkaloid, ein Mittel, das auf Atem- und Gefäßnerven im Gehirn anregend wirkt. Es steigert den Blutdruck und fördert die Herzleistung. Um aus der Pflanze den heiligen Saft zu gewinnen, muß Haoma als Gott gewissermaßen getötet werden, was durch das Auspressen des Saftes geschieht. Bei der Hauptzeremonie der Parsen, der Opferung, wird nicht nur Haoma getrunken und damit also einem Gott das Opfer eines anderen sterbenden Gottes dargebracht, sondern auch geheiligtes Brot verzehrt. Indem Priester und Gläubige das tun, wollen sie der Unsterblichkeit des Gottes und damit der Auferstehung des ewigen Lebens teilhaftig werden.

Die Ähnlichkeit zu Messe und Abendmahl ist nicht zu übersehen, wenn ihr auch in dem Opfertod Jesu eine historische Tatsache zugrunde liegt. Das Opfer der Parsen berücksichtigte kosmische Gegebenheiten. Das Feuer vertrat die Sonne; der Mond, dessen Bezug zum Haoma ohnedies gegeben ist, wird durch die Halbmondform verdeutlicht, in die man das Barsom-Bündel legt, und die Erde erscheint als quadratischer Tisch (so dachte man sich die Form der Erde), vor dem der Haoma-Priester seinen Platz hat. In Persien wandte sich der Priester nach Süden, wo die Sonne ihre stärkste Macht hat und lebendsspendende Wärme ausstrahlt. Im tropischen Indien, wo die Hitze der größte Feind ist, kommt das Labsal aus dem Norden, und der Süden wird verabscheut, weswegen der indische Priester nach Norden gewendet betet. In der zoroastrischen Religion hat die Haoma-Zeremonie einen festen Platz, wie ihn schließlich auch Mithras einnahm: Als der Mithras-Kult als selbständige Religion aufzutreten begann, wurde er mit dem Höchsten gleichgesetzt.

Größe und Streitbarkeit des Gottes sind Wesenszüge, die gerade in der späten, der römischen Zeit des Kultes im Vordergrund standen. Nach den Veden, der ältesten religiösen Literatur der arischen Inder, kommt der Regen als »Soma« (=Haoma) vom Mond, läßt die Pflanzen wachsen und ernährt Mensch und Tier. Beim männlichen Geschlecht wird Soma zum Samen, beim weiblichen zur Milch. Soma liefert für die Götter den Trank der Unsterblichkeit, den sie allmonatlich aus der Schale des Mondes genießen, wohin die Lebensanteile aller Wesen nach ihrem Tode zurückkehren. In der Mythologie ist Soma sowohl Regen wie auch Same des Himmelsstiers, der die Erde befruchtet, und er ist die Milch der Himmelskuh, die das Weltall ernährt. Deswegen wollen die Götter den Unsterblichkeitstrank auch für sich haben. Ihr Plan zielt darauf ab, Soma mit Hilfe des Windgottes Vayu zu töten. Mitra soll helfen, nimmt aber nur widerstrebend an dem Mord teil, um Anteil am Opfer zu haben. Was so der heilige Text aussagt, wird im Kultus nachvollzogen, wenn die Haoma-Pflanze zerstoßen und ausgepreßt wird.

Sowohl der indische Mitra wie der persische Mithras haben einen deutlichen Bezug zur Lebenskraft, wie es die Legende von der Stiertötung verdeutlicht. Mithras verkörpert die Vitalität und ist der Feind der Unfruchtbarkeit, die durch die Dämonen der Finsternis Leiden, Laster und Unreinheiten auf der Erde verbreitet. Aber Mithras ist auf dem Posten. Da er alles weiß und alles sieht, mit tausend Ohren und zehntausend Augen die Welt überwacht und ihn niemand täuschen kann, weiß er, wann er einzugreifen hat. Aus der Höhe des Himmels stürzt er sich auf die Gottlosen und die Bösen, zerstreut sie oder schlachtet sie hin, mögen es einzelne, Stämme oder ganze Nationen sein. Dagegen können sich die Rechtgläubigen auf ihren Kriegszügen immer der Hilfe Mithras sicher sein. Ahura Mazda, der »weise Herr«, kann allein mit Mithras Hilfe die Scharen Ahrimans, des Bösen, nicht aus der Welt schlagen. Er braucht weitere Genossen, die Menschen. So hat jeder auf seinem Platz gestellt für das Gute zu kämpfen. Es ist keine Frage, wer den Endsieg davontragen wird. Die Mithrasreligion macht ganz deutlich, wohin der Mensch sich wenden muß, nämlich zu Mithras, dem Stärksten, dem Besten. Bereits im Zoroastrismus klingen für Mithras jene vier Eigenschaften an, die künftig für ihn bezeichnend sein sollten: sein hohes sittliches Wesen, seine Kampf- und Siegnatur, dazu die Auffassung, daß er der Sonne gleicht und daß er schließlich zum obersten Richter wird.

Diese Zuordnung finden wir auch beim babylonischen Sonnengott Schamasch, den die Menschen sich als Kämpfer und Richter dachten. Populär ist Mithras vor allem geworden, weil er beim großen Weltgericht einmal eine bedeutsame Rolle spielen wird: Er wägt die guten und die bösen Werke ab und geleitet die Seelen empor zum Himmel.

Nach der zoroastrischen Eschatologie, der Lehre von den letzten Dingen, wird das Weltgericht auf Geheiß Ahura Mazdas stattfinden. Ein Strom geschmolzenen Metalles, von rotem Feuer leuchtend, wird durch die ganze Welt gehen. Die Menschen müssen ihn durchschreiten. Wer nach den Gesetzen der Religion gelebt hat, kann dies fröhlichen Herzens tun, ja, er wird das Gefühl haben, in warmer Milch zu baden. Aber die Bösen werden verbrennen. So scheidet das Feuer die Frommen von den Elenden, es wird zum Symbol Ahura Mazdas, und seine Bekenner hießen die Feueranzünder. Daraus machten andere Völker die »Feueranbeter«, als welche die Parsen noch heute gelten.

Nahezu die meisten Elemente der Lehre Zarathustras gingen im Mithraismus auf und gelangten mit diesem nach Europa. Dank der Brückenfunktion des Iran hörten die Juden in ihrer babylonischen Gefangenschaft von der Religion Zarathustras und waren besonders beeindruckt davon, wie die Perser über die letzten Dinge dachten. Das war von Einfluß auf die Entwicklung des jüdischen Glaubens und ging von da in das Christentum über. Sehr zu Unrecht bezichtigten christliche Eiferer in ihren Auseinandersetzungen mit dem Heidentum die Mithrasten, ihre Religion zu kopieren. Sie mochten oder konnten nicht sehen, daß verschiedene Elemente in beiden Glaubensformen eine gemeinsame Wurzel hatten.

Was der Parsismus lehrt, wird auch für den Mithraismus gegolten haben: Man muß mit den äußeren Kräften danach streben, das verheißene Glück zu erlangen und schwebendem Unglück zu entgehen. Am Ende folgt die Auferstehung der Menschen, die jeden Unterschied zwischen Gut und Böse durch Vernichtung alles Bösen tilgt.

Die Lehre von der Wiedergeburt und Seelenwanderung ist dem Parsismus fremd, was also auch für den Mithraismus zutreffend gewesen sein dürfte. »Der einzige Fürsprecher der Seele bei dem himmlischen Gericht nach dem Tode sind seine guten Taten, die er hier auf der Erde vollbracht hat. So ist es für ihn notwendig, hier ein gutes Leben zu führen. Die ganze Morallehre des Zoroastrismus läßt sich in drei Grundsätze zusammenfassen, in die von dem guten Gedanken, dem guten Wort und der guten Tat. Sie umfassen alles, was diese Religion als Tugend lehrt, Ordnung und Reinlichkeit, Wahrheit und Rechtschaffenheit, Gehorsam und Demut, Mitleid und Dankbarkeit, Liebe gegen die Eltern, Verwandten und Landsleute und gute Behandlung der Untergebenen, Fürsorge für die nützlichen Tiere, Fleiß, Keuschheit, Selbstvertrauen, Gastfreundschaft und Freigebigkeit. Ihnen entgegengesetzt sind die Laster, die aus bösen Gedanken, bösen Worten und bösen Taten herrühren.«[1]

Wenn der Mithraismus die auf besondere äußere und innere kultische Reinigung bedachte Religion ihrer Zeit wurde, liegt das am großen Anteil der Elemente, die von der Lehre Zarathustras übernommen wurden. Der Dualismus von Gut und Böse scheidet die Welt. Nicht nur, daß Engel als gute Wesenheiten gegen Dämonen, die Heerscharen des Bösen, stehen: auf der guten Seite stehen auch Feuer, Rind, Metall, Erde, Pflanzen, Wasser. Auf der bösen Seite aber sind Schlange, Wolf, Rost, Fäulnis oder Verwesung, Mißwuchs und Dürre. Es steht das nützliche Rind gegen den Wolf als Vertreter der Raubtiere, wie jedes der leiblichen Elemente auch einen Bezug zu den geistigen Mächten hat.

Hier bilden sich Begriffsketten, die sich aus einem magischen Weltverständnis erklären lassen. Das Gute liegt mit dem Bösen im Kampf, der sich elementar als Vermischung darstellt.

Da sich die guten und bösen Mächte nicht vermischen können, geschieht dies stellvertretend durch ihre irdischen Vertreter. Der Mensch kann Stellung für das Gute beziehen, indem er sich zum Reinen bekennt. Um das heilige Feuer nicht zu verunreinigen, trägt daher der Priester eine Mundbinde. Ist die Seele aus dem Körper eines Toten gewichen, verfällt sein Leib der Fäulnis. Sie aber würde das Element Erde verunreinigen, weshalb die Parsen ihre Hinterbliebenen auf die bekannten drei bis vier Meter hohen »Türme des Schweigens« bringen, auf denen Geier und Raben ihre Werk als Totengräber verrichten. Die Seele eines Dahingeschiedenen erfährt schon auf dem Wege in den Himmel, welches Schicksal sie durch die Erdentaten verdient hat. Liebliche Düfte von blühenden Bäumen wehen der guten Seele entgegen. Ein schönes Mädchen, das Ur-Ich, geleitet die Seele über die Brücke vor den Thron Gottes.

Wer aber mit Sünden beladen stirbt, dessen Seele durchschauert Kälte, sie verspürt üblen Gestank und wird von einer abscheulichen Vettel, ihrem anderen Ur-Ich, zur Brükke geleitet. Dem Frommen erscheint sie 19 Speerlängen breit, für den Bösen aber wird sie rasiermesserscharf. Er hat keine Chance. Das häßliche Ich packt die Seele und stürzt sie in den Abgrund, wo im tiefsten Schlund der Hölle Ahriman darauf wartet, sie bis zum Tage der Auferstehung zu quälen.

Eine in ihren ethischen Gesetzen so ausgefeilte Religion bedurfte eines Priesterstandes, der über die Einhaltung der Riten wachte, die Zeremonien besorgte und die Gottesdienste leitete. Vor allem war es nötig, die komplizierten und bis in die Einzelheiten gehenden Reinigungsvorschriften zu überwachen und dafür zu sorgen, daß auch eine Entsühnung stattfinden konnte. Dadurch waren die Priester nicht mehr nur Diener der Gottheit. Da sie Beichte abnahmen und Bußen auferlegten, gewannen sie auch großen Einfluß auf das Alltagsleben der Gläubigen. Es war demnach attraktiv, Priester zu sein.

Vorzugsweise waren es die Magier, welche Priester oder Bedienstete dieser Religion wurden. Zarathustra selbst war ein Magier: Er gehörte einem der sechs Volksstämme dieses Namens der Meder an, der in Zukunft für die Entwicklung und Förderung des Mithraskultes von Bedeutung sein sollte. Medien hieß im Altertum das gebirgige Hochland des nordwestlichen Iran.

Als sich das persische Reich gegen Mesopotamien ausweitete, kamen die Magier mit einer anderen Priesterkaste in Verbindung, den Chaldäern. Mit Mesopotamien rückt damit ein weiterer Schauplatz ins Blickfeld, auf dem wir Mithras wiederbegegnen. Als Helfer Ahura Mazdas wird er mit dem strahlenden Sonnengott Schamasch identifiziert. Aber mit den Einflüssen, die Mesopotamien als erstes nicht-iranisches Land auf Mithras ausübte, begannen sich nicht nur sein Bild und die Formen seiner Verehrung zu verändern. In Mesopotamien entstand die eigentliche Mithrasreligion, die dann als Mysterienkult nach Europa exportiert werden sollte, ein Zoroastrismus, in dem die Verehrung der Elemente wie auch der Astrologie zu einem entscheidenden Grundpfeiler des theologischen Systems werden sollten ...

III
STERNE ÜBER BABYLON

Das Zweistromland Mesopotamiens, die Gegend zwischen Euphrat und Tigris, beflügelt seit jeher die Phantasie und das Denken der Menschen. Denn dort vermutet man das Paradies der Bibel, die Wiege der Menschheit. Hier stand der »Turm von Babel«, der nach Moses in den Himmel reichen sollte, ein Sinnbild menschlicher Überheblichkeit, der von der Sehnsucht seiner Erbauer zeugt, dem Himmel und den Göttern nahe zu sein. Er ist nur einer jener vielen Tempeltürme, die man Zikkurrat nannte.

Herodot, als »Vater der Geschichte« unser Gewährsmann, weiß noch von anderen Tempeln Babylons zu berichten, von Götterstatuen aus purem Gold, von denen eine sogar zwölf Ellen hoch gewesen sein soll, von Altären, auf denen Tiere geopfert und Weihrauch verbrannt wurden. Äußerlichkeiten, die den Fremden beeindruckten, voran die persischen Eroberer, die um die Mitte des ersten vorchristlichen Jahrtausends in Mesopotamien eindrangen.

Für die Anfangsperiode, etwa um 3000 v. Chr., sind Lokalgötter nachgewiesen, und die Herrscher in den Stadtstaaten verstanden sich als ihre Stellvertreter. Verehrt wurden An als Herrscher des Himmels, Enlil als Herrscher des Luftraums, Enkli als Gott des Süßwassers und Nana und Utu als Götter des Mondes und der Sonne. Bezeichnend ist, daß die Götter nicht mit den Naturerscheinungen gleichgesetzt wurden, sondern daß man sie als deren Lenker ansah.

Es war auch nicht so, wie vielfach dargestellt wird, daß Sonne, Mond und Planeten als Götter galten, vielmehr ist eindeutig belegt, daß diese ebenfalls als Signatur einer bestimmten Gottheit galten, deren Willen sie durch ihre Stellung, d.h. durch die Umstände ihrer Position am Himmel und ihrer Fortbewegung, ausdrückten. Priester oder Priesterinnen stellten die Verbindung zwischen den Menschen und den himmlischen Mächten her. Dazu gehörte in erster Linie, zu erforschen, welches der Wille der Götter sei. Durch die Zuwanderung von Semiten und durch den Einfluß der verschiedenen Herrscherdynastien gab es Änderungen und Verschiebungen am Götterhimmel.

Während der dreitausendjährigen Religionsgeschichte Mesopotamiens machten die Götter, was ihre Reihenfolge in der himmlischen Hierarchie anging, Wandlungen durch. Oft wechselten damit auch die Namen, gab es Überschneidungen ihrer Zuständigkeiten. Bisweilen waren rein politische Motive Anlaß für Umschichtungsprozesse, wie z.B. die Erhöhung des Stadtgottes von Babylon, Marduk, zum Reichsgott. Er zeigte sich im »weißen Stern«, dem Planeten Jupiter, und galt als Schöpfergott. Sein Sohn und Begleiter war Nabu, über den man durch Merkur Aufschluß erhielt. Große Verehrung genoß vor allem der Mondgott Sin, den man sich als Herrn des Pflanzenwachstums dachte. Wachsen und Gedeihen, Reifen und Fruchten vollzieht sich in der Zeit, in Tagen, Monaten, Jahren.

Die Zeit aber enthält auch die Geschicke des Menschen. Deshalb war der Mondgott Sin auch wichtiger als Schamasch, der Sonnengott, den man sich als seinen Sohn vorstellte. In ihm sah man den Herrn des Lebens, der damit auch der Widerpart des Todes ist. Schamasch ist zugleich Herr der Gerechtigkeit, der sein Urteil fällen kann, weil er alles sieht und hört. Dadurch wiederum ist es ihm gegeben, Voraussagen der Zukunft zu machen. Schließlich gab es noch einen Unterweltgott Nergal, der für den Tod zuständig war und der sich im Planeten Mars manifestierte. Im langsamsten Planeten, dem Saturn, sah man eine müde oder alte Sonne. Er vertrat sie auch bei Nacht.

Was die Bewertung der Götter und ihrer Gestirne anbelangte, richtete man sich nach der Intensität und Qualität ihres Lichtes. So konnte nicht ausbleiben, daß nächst Mond und Sonne vor allem Venus besonders hervorgehoben wurde, der am hellsten leuchtende Stern des Abend- und Morgenhimmels. Sie war Stellvertreterin von Ischtar, eine Tochter des Mondgottes, eine sinnlich-erotische Göttin. Bei den Phöniziern wurde sie als Astarte verehrt. Obwohl die Babylonier bereits wußten, daß es sich beim Morgen- und Abendstern um ein und denselben Planeten handelte, wurde Venus als Morgenstern mehr männlich gedeutet, als »Ischtar von Akkad« war sie sogar Kriegsgöttin, als Abendstern dagegen Göttin der sinnlichen Liebe, die Hierodule der Götter. Das war die himmlische Entsprechung der recht irdischen Tempelsklavinnen.

Neben der kriegerischen Eroberung Mesopotamiens waren es die vielfältigen Handelsbeziehungen, die zu einer Gleichsetzung oder Assimilierung der fremden Götter führten. Der persische Lichtgott Mithras wurde so dem babylonischen Schamasch gleichgesetzt. Da wir in den antiken Göttern urbildhafte Gestalten, Archetypen zu verstehen haben, »symbolische Ausdrücke für das innere, unbewußte Drama der Seele«, wird verständlich, warum die Götter verschiedener Kulturkreise untereinander austauschbar waren.

Wohl war der persische Lichtgott Mithras dem babylonischen Sonnengott Schamasch wesensverwandt, aber die zoroastrischen Glaubensvorstellungen, mit denen Mithras in Verbindung gebracht wurde, erfuhren in Babylon eine Veränderung, eine Bereicherung. Astrologische Elemente flossen in die religiösen Vorstellungen ein.

Im Laufe der kulturgeschichtlichen Entwicklung Mesopotamiens war der Sonne zunehmend Verehrung zuteil geworden. Während die nomadisierenden Wüstenvölker den raschen Phasenwechsel des Mondes zur kalendermäßigen Orientierung benutzten, hatte für Ackerbauern der Sonnenlauf die größere Bedeutung.

Die Handhabung eines Kalenders konnte nur aufgrund von astronomischen Beobachtungen geschehen, welche die Kenntnis größerer Zahlen und das Vorhandensein einer Schrift für Aufzeichnungen voraussetzten. Beides war gegeben. 1847 wurden in der Nähe der Ruinen von Ninive über 25000 Tontäfelchen mit Keilschrift ausgegraben, die älteste Bibliothek der Welt, einst der gewiß kostbare Besitz des Königs Assurbanipal (669–626).

Die babylonische Mathematik stand in hoher Blüte, benützte zwei Zahlensysteme mit Stellenwert, das dekadische und auch das Sexagesimalsystem, man rechnete mit Wurzeln und Potenz bis zum dritten Grad, konnte Gleichungen zweiten und dritten Grades lösen, beherrschte Flächen- und Körperberechnung. Erstaunlich ist, welche vielfältigen und genauen astronomischen Beobachtungen die babylonischen Priester machten, denn ihnen fiel die Aufgabe zu, die am Lauf der Gestirne ablesbare astronomische Periodik zu verfolgen. Sie war die Grundlage des religiösen Festkalenders. Es galt ja, die Qualität der Zeit herauszufinden, also aufzudecken, welche Tage für den Vollzug von Opfern, Sühneleistungen und anderen Zeremonien, die dem Verkehr mit den Göttern dienen sollten, geeignet waren. Dies ist insofern bereits Astrologie, als die Bewegung der Gestirne den Menschen etwas zu sagen schienen. Um zu ergründen, was dies sei, beobachteten die Priester das Geschehen am Himmel und verglichen es mit irdischen Begebenheiten. Diese Beobachtungen wurden schließlich zur Grundlage von Voraussagen.

Als »Omen«, d.h. Hinweis der Götter, wurden die himmlischen Ausnahmeerscheinungen angesehen. Unregelmäßigkeiten am Himmel waren »ominös«, konnten also nur den

Unwillen der Götter bedeuten. Diese zu besänftigen war dann ein weiteres Aufgabengebiet der Priester-Astrologen. Während die beschwörenden Hymnen und Gebete aus dem mesopotamischen Raum von großer sprachlicher Schönheit und Audruckskraft sind, wissen wir von den gleichen Zeremonien der späten Mithrasreligion wenig. Aber Sternbeschwörungen durch Gebete, Zeremonien oder Sühneopfer haben hier wie dort die gleiche Wurzel.

Im religiösen Denken der Menschen spielten Sünden und Vergehen gegen den Schutzgott eine besondere Rolle. Daher wurde auch Schamasch als Schützer des Rechts und des Gesetzes, als Bestrafer von Rechtsverletzungen besonders häufig angerufen. Das entwickelte Schuldgefühl gegenüber den göttlichen Mächten war der Nährboden für das Bewußtsein von Verwantwortung gegenüber den himmlischen Mächten, die das irdische Dasein ermöglichten oder seinen Ablauf bestimmten. Die Babylonier sahen in allem Vergänglichen ein Gleichnis, glaubten aber nicht an ein Weiterleben nach dem Tode.

Hier setzt nun die große Anziehungskraft des persischen Mithraskultes in spätbabylonischer Zeit ein. Er war durch die Verbindung mit den zoroastrischen Glaubensvorstellungen zur Erlöserreligion geworden. Wenn Mithras aber seiner Natur nach dem seit unvordenklich langer Zeit verehrten Schamasch glich, oder ihm wesensgleich war, dann mußte es auch gerechtfertigt sein, jene Schlußfolgerungen, die das Weiterleben nach dem Tode angingen, anzunehmen. Es ist interessant, daß die Identifizierung von Mithras mit Schamasch in jene Periode fällt, in der man die astrologischen Beobachtungen nicht mehr nur allein auf den König als Repräsentanten des Landes bezog, sondern sie auf die allgemeine Geburtsastrologie ausdehnte. Sie setzten ein jedes Menschenleben in Beziehung zum Lauf der Gestirne. Dadurch drückt sich die Hinwendung zum Individuum am deutlichsten aus.

Aber die Aufnahme von Mithras als Schamasch in die religiösen Vorstellungen der Bewohner Mesopotamiens hatte andererseits auch eine Rückwirkung auf den Mithrasglauben: Als Lichtgott war er zwar an die Sonne gebunden, doch blieb er bis zur Berührung mit Babylon bei einer losen und keineswegs wissenschaftlich-systematischen Himmelsbeobachtung. Sie aber war unabdingbarer Bestandteil aller babylonischen Gestirnverehrungen. War der Mithrasglaube vor den Kontakten zu Babylon auf mehr oder weniger undeutliche Vorstellungen zwischen Mensch und Sonne gegründet, trat nunmehr exaktes Wissen um den Zusammenhang hinzu. Die babylonische Astrologie fußte auf Beobachtungen und Vergleichen, auf Messungen, denen wir wissenschaftlichen Charakter zuzubilligen haben. Eine Religion jedoch, die nicht allein einen unverbindlichen Glauben als Fundament hat, sondern deren Erkenntnisse wissenschaftlich abgestützt werden, gewinnt eine ungleich stärkere Überzeugungskraft. So kann nicht deutlich genug herausgestellt werden, daß die Astrologie als wissenschaftliche Theologie der Mithrasreligion ein entscheidender Grund, wahrscheinlich überhaupt der bedeutsamste, für deren Verbreitung wurde.

Der Mithraismus hatte seine Blüte im zweiten und dritten nachchristlichen Jahrhundert, also in jener Zeit, als sich die Qualität der Astrologie grundlegend verbessert hatte. Die kosmologischen Vorstellungen der Babylonier gaben dem Mithraismus erste Impulse in der neuen Richtung: Der Glaube an den Lichtgott Mithras konkretisierte sich im Sinne der astrologischen Vorstellungen, wie sie von den altorientalischen Völkern entwickelt wurden, zu einer Gestirnreligion. Während es zunächst bei einer eher »schauenden« Betrachtungsweise der kosmischen Vorgänge blieb, die von den Astronomen – oder Astrologen – freilich genau registriert wurden, lassen sich für das fünfte Jahrhundert v. Chr. bereits Berechnungen von Planetenperioden feststellen. So wurden die Positionen des Mondes und der Planeten im voraus bestimmt. In dieser Zeit entstand auch der in zwölf gleiche Abschnitte zu je 30 Grad geteilte Zodiak als Meßkreis, und ein Keilschrifttext aus dem Jahre 419 v. Chr. nennt erstmals alle zwölf Tierkreiszeichen.

Mathematik und Astronomie waren Priesterwissen, wurden geheimgehalten, was verschiedene Gründe gehabt haben wird. Einmal mochte man geheiligtes Wissen nicht durch Bekanntgabe profanieren, dann aber wird die Weitergabe von Wissensstoff innerhalb einer Familie dieser auch handfeste politische Vorteile, nämlich Einfluß, verschafft haben. Damit läge eine ähnliche Entwicklung vor, wie sie die Magier am persischen Hof bewirkt hatten. Wenn wir die Mithrasreligion verstehen wollen, müssen wir uns vor allem um die astrologischen Zusammenhänge kümmern. Es ist verwunderlich, warum bei einem solch hohen Stande mathematischer Kenntnisse diese nicht schon früher der Himmelsbeobachtung nutzbar gemacht wurden.

Seit Parapsychologie ernstgenommen wird, besteht kein Zweifel, daß es Menschen gibt, die in besonderem Maße zu außersinnlicher Wahrnehmung befähigt sind. Telepathie oder Hellsehen sind Realität. Wir müssen annehmen, daß die Menschen vor Jahrtausenden diese Fähigkeit in weit stärkerem Maß besessen haben, als dies heutzutage der Fall ist, wo man sie auf einzelne Medien beschränkt sieht. Wenn man die Wurzeln der Sterndeutung im parapsychologischen Bereich sucht, müßte Astrologie im landläufigen Sinn als die Ausdeutung astronomischer, auf Berechnung und Beobachtung gegründeter Sachverhalte am Himmel erst entstanden sein, als die Menschen jene Fähigkeit verloren hatten, die ihnen auf andere Art und Weise zu »Wissen« verhalf. Zu dieser Annahme kam 1905 Rudolf Steiner (1861–1925), der Begründer der anthroposophischen Geisteswissenschaft: »Die wirkliche Astrologie ist aber eine ganz intuitive Wissenschaft und erfordert bei dem, der sie ausüben will, die

Entwicklung höherer, übersinnlicher Erkenntniskräfte, welche heute bei den allerwenigsten Menschen vorhanden sein können.«[2]

Man muß sich die Überlegungen Rudolf Steiners nicht zu eigen machen, daß die Babylonier intuitives Schauen zunächst der sachlichen Beobachtung vorgezogen haben, weil es bessere Ergebnisse lieferte. Es ist für das Verständnis des Mithras-Kultes unerheblich. Entscheidend ist allein die Tatsache, daß durch den Einfluß Babylons auf die religiösen Lehren, die mit Mithras zusammenhingen oder die auf seiner Existenz als einer Gottheit fußten, mit einem »Sternenwissen« in Zusammenhang gebracht wurden, das über Astralmythen weit hinausging.

Wir schweifen daher keineswegs vom Thema ab, wenn wir noch häufiger der Astrologie einen breiteren Raum geben. Sie hatte in frühbabylonischer Zeit sicher eine andere Qualität als in der Zeit des Unterganges des Reiches, wenn sie sich im Sinne einer Erfahrungslehre entwickelte, als die sie dann in den ersten nachchristlichen Jahrhunderten bedeutsam werden sollte.

Diese neue Qualität ist auf den Einfluß griechischen Denkens zurückzuführen. Und erst als die Beobachtungsergebnisse systematisch, d.h. wissenschaftlich ausgewertet wurden, war es möglich, daran rationale Überlegungen zu knüpfen, die es erlaubten, das Weltbild philosophisch nach unserem Verständnis zu begründen. Ciceros Lehrer, der syrische Philosoph Posidonius von Apameia (135–51), sah in der Sonne das verbindende Glied zwischen Physik und Theologie und legte damit das geistige Fundament zur griechischen Astrologie. Nach dieser Auffassung wirken die in den Gestirnen vorhandenen Kräfte auf das Irdische entsprechend der ihnen eigentümlichen Art ein. Dies geschieht im Sinne magischer Sympathie oder Teilhabe, doch kommt ihnen auch symbolische Bedeutung zu, da sie durch ihre Stellung den göttlichen Willen anzeigen.

Im Zusammenhang mit der in den ersten vorchristlichen Jahrhunderten aufgekommenen Geburtsastrologie wurden die Beobachtungsmethoden verfeinert; man konnte nun Gestirnstandstabellen zusammenstellen. Damit war es möglich, personenbezogene Horoskope zu berechnen, deren Ausdeutung sich als angesehene Kunst rasch ausbreitete. Ausgeübt wurde sie von den Nachfahren jener »Chaldäer«, die seit der Eroberung Babylons 539 v. Chr. in alle Winde zerstreut worden waren. Diese verfügten nicht nur über überliefertes astronomisches Wissen, sondern beherrschten auch ein Repertoire astralmagischer Praktiken. Mit diesen machten sie auf das einfache Volk Eindruck, und da ihnen nicht mehr wie in ihrer Heimat priesterliche Aufgaben und ein religiöses Verantwortungsgefühl gegeben war, wurden sie leicht zu Scharlatanen. Von da an wurde der Name »Chaldäer« gleichgesetzt mit fragwürdigen Existenzen, Schwindlern oder Astrologen, die aus niedrigem Antrieb Wahrsagepraktiken übten.

In Alexandria, der Hochburg der Wissenschaften, beschäftigten sich dagegen die größten Gelehrten der Zeit mit der Vervollkommnung des astrologischen Systems, das auf die gebildeten Zeitgenossen den nachhaltigsten Eindruck machte.

Mit seinem Vierbücherwerk (Tetrabiblos) schuf Claudios Ptolemaios (100–160) das grundlegende astrologische Rechenwerk für die folgenden 1500 Jahre.

Zur »Königin der Wissenschaft« erhoben, begann die Geburtsastrologie gewaltig auszustrahlen und verschaffte dem Mithraismus, der auf ihr gründete, unter den Gebildeten ein besonderes Ansehen. Damit stoßen wir zum ersten Mal in der bekannten Geschichte auf das Phänomen, daß die gelehrte Sterndeutung direkt Einfluß auf die Religion nimmt.

Im Hinblick auf den Mithraismus geschah das fördernd, denn ihre Forschungsergebnisse ließen sich in dem Weltbild, das Religion und Philosophie prägt, nicht nur unterbringen, sie stützten es geradezu.

Die breite Masse, die keinen Zugang zu den Bildungsgütern hatte, konnte durch die primitive Wahrsageastrologie, die ihnen die zigeunernden Chaldäer boten, erst recht nicht von ihrem religiösen Glauben abgelenkt werden, der seit jeher Orakel kannte.

Anders das Christentum. Es trat als Erlöserreligion an, die keiner Unterstützung ihrer Lehre bedurfte, auch nicht durch die Sterne, obwohl man auch hier meinte, an ihnen den Willen Gottes und Fingerzeige für richtiges Verhalten ablesen zu können. Wissenschaften, wozu man bis gegen den Beginn der Neuzeit auch die Astrologie zählte, waren eigentlich nur erlaubt und sinnvoll, soweit sie der Förderung der Religion dienten. Was die Deutung der Vorgänge am Himmel anging, waren freilich auch viele Kirchenmänner von Anfang an dagegen. Schließlich sollte der gute Christ nur glauben und auf die Gnade Gottes vertrauen, um von den Sünden erlöst und der ewigen Seligkeit teilhaftig werden zu können. Heute bleibt es dem einzelnen Christen überlassen, wie er es fertigbringt, die sogenannten Glaubenswahrheiten mit dem rationalen Weltverständnis in Einklang zu bringen.

Zu den Gründen, warum der Mithraismus in Mesopotamien ein so lebhaftes Echo fand, zählt vor allem, daß Mithras als entscheidende Tat den legendären Stier tötete, wodurch er verwandte Züge zu Gilgamesch bekam.

Dieses Epos ist die bedeutendste Dichtung, die in Keilschrift niedergeschrieben wurde, die größte poetische Leistung, die zu Beginn des ersten vorschristlichen Jahrtausends entstanden ist. Da sie auch sehr stark die Verwandtschaft mit dem Mithrasstoff erkennen läßt, mögen die Menschen in Mithras eine Vollendung des Helden Gilgamesch gesehen haben.

Was die Menschen der Frühzeit nicht in Begriffe fassen konnten und was sich nicht durch Ursache und Wirkung erklären ließ, wurden durch Mythen eingekreist. Was in der

Wirklichkeit unbegreiflich war und den Menschen erschauern ließ, schmückte er mit seiner Phantasie aus. Dabei interessierte nicht so sehr das Vordergründige, sondern das Geheimnisvolle. Mythen konnten in das Reich des Glaubens einführen, weil sie weder Zweifel kannten noch nach Beweisen in ihnen zu suchen war. Wir dürfen in ihnen keine Märchen sehen, denn sie besaßen einst durchaus einen Wahrheitsanspruch. Weil wir aber ihre Bilder symbolisch auffassen müssen, ist der tiefere Sinn der Mythen nicht leicht verständlich. Aristoteles meinte, die Mythen stammten von »den ganz Alten«, als die Menschen sich noch in einem verwandtschaftlich-abhängigen Verhältnis zu ihren Göttern wußten. Furcht und Geborgenheit waren damals aufs engste miteinander verwoben, wie auch mythisches Bewußtsein und rationales Denken einander nicht ausschlossen. So stellten Mythen eigentlich Versuche dar, mit den Problemen des Lebens auf eine andere Art fertig zu werden, als wir es heute versuchen. Mythen sind als Sagen oder Legenden bunte Erzählungen, waren aber einst vielfach mit rituellen Darstellungen innig verbunden.

Solche Mythen rankten sich z. B. um Dionysos, dem Gott des Weines. In den dionysischen Mysterien steigerten sich die Teilnehmer, die Mysten, durch Alkoholrausch zur Ekstase und feierten Orgien. Da Dionysos, der Bacchus der Römer, auch der Gott der Fruchtbarkeit war, feierten ihn vor allem die Frauen, die ihn im Frühjahr als Blütengott begrüßten, als der er in einem Schiffswagen in Athen einzog. Geheimnisumwittert waren die Riten, die bei der »heiligen Hochzeit« zwischen Dionysos mit der Frau des Archon Basileus (eine Art kultischer Oberbeamter) vollzogen wurde. Sexuelle Szenen, bei denen phallische Darstellungen eine Rolle spielten, regten die Phantasie zu Ausschweifungen an. Kultische Theateraufführungen, eine Weinweihe mit dem feierlichen Öffnen von Weinfässern und einem Wetttrinken gehörten zu den Dionysosmysterien ebenso wie Maskeraden.

Am bekanntesten waren die Eleusinischen Mysterien, die ihren Namen nach der Stadt Eleusis in Attika hatten. Sie waren der Göttin Demeter, die den Ackerbau schützte, geweiht. Der orphische Kult weist Parallelen zu den dionysischen Mysterien auf, hatte jedoch ungleich stärkere ethische Inhalte. Die religiöse Lehre der Orphik führte ihren Ursprung auf Orpheus, den Schutzherrn der Musik, zurück. Sie wußte von der Unsterblichkeit der Seele, von Seelenwanderung, Lohn und Strafen im Jenseits, auf die ein Eingeweihter Einfluß nehmen konnte, wenn er mit einem »Totenpaß« versehen dahinschied. Die große Anziehungskraft, die griechische Bildung auf die Römer ausübte, trug wesentlich zur Verbreitung und Nachahmung der griechischen Mysterienkulte in Italien bei.

Der Mythos von Mithras kam jedoch aus Kleinasien. Sein fremdländischer, persischer Charakter machte wohl den stärksten Eindruck auf die Römer.

IV

VOM MYSTERIENKULT DES MITHRAS, EINER WELTRELIGION DER ANTIKE

Mehr als anderthalb Jahrtausende nach dem Untergang des Mithraismus ist es noch immer schwierig, die Gründe anzuführen, warum er schließlich im Konkurrenzkampf um die Gunst der Massen dem Christentum unterlag. Christliche Religionsforscher sprechen in diesem Zusammenhang gern davon, Jesus habe als Religionsstifter eine ungleich stärkere Ausstrahlung als Mithras besessen, da er historisch ist. Tatsächlich mag es eine Rolle gespielt haben, daß Mithras immer ein Gott war, der dann mit seinesgleichen der Götterdämmerung zum Opfer fiel.

Der Mythos von dem Gott, der zur Erde kommt, um für die Menschen eine Heilstat zu vollbringen, enthält wohl hauptsächlich irdische Begebenheiten, die allerdings nicht genau lokalisiert werden. Den Jesus konnten sich die Gläubigen leichter als einen der ihren vorstellen, da Bethlehem, Jerusalem und die anderen biblischen Orte bekannt waren und die Angabe der Lebenszeit unter Hinweis auf die Kaiser Augustus, Tiberius usw. keine Zweifel an der tatsächlichen Existenz des »Gottessohnes« aufkommen ließen.

Mithras mußte dagegen als die zur Person eines Magiers gewordene Manifestation des Lichtes gelten. Bas-Reliefs und Tempelbilder veranschaulichten wohl die Geburt, doch war die Überlieferung »an den Ufern eines Flusses, im Schatten eines heiligen Baumes« sehr allgemein. Wie immer man über die Geburt Jesu urteilte, er hatte Eltern und lag als Kind in einer Krippe, Mithras aber trat als Gott aus einem Felsen heraus. In dem Maße also, wie die Menschen davon abgingen, sich mit Mythen die Belange ihrer Existenz zu erklären, mußten auch die personifizierten Himmlischen an Überzeugungskraft einbüßen. Das sind freilich Erklärungen, die wir aus der Sicht unserer Zeit haben. Für die Zeitgenossen damals konnten sich die Dinge auch anders darstellen. Jesus war aus ihrer Zeit, an Mithras aber hatten die Menschen schon tausend Jahre zuvor geglaubt, für ihn sprach die Tradition, gewiß auch die Herkunft aus einem fernen, fremden Land und das Geheimnis, das ihn und die Umstände seiner Geburt umgab.

Schon sein Beiname »der Gott aus dem Felsen« wies auf die Herkunft aus dem Stein, dem Symbol des Ewigen und Unverrückbaren, des Festen, das sich nie ändert, auf das man vertrauen darf. Welches Gewicht dieser Vergleich hatte, belegen die Worte Jesu Christi, mit denen er seinen irdischen Stellvertreter und Nachfolger einsetzte: »Du bist Petrus, das heißt Fels, und auf diesen Felsen will ich meine Kirche bauen.«

Was vom Felsen stammt, das kommt vom Urgrund allen Seins, und auf ihm muß gründen, was in die Ewigkeit reichen soll. Des Mithras Wirken galt dem Irdischen, dessen bevorzugtes Symbol ist der Stein. Dies gibt einen ersten Hinweis, warum die Tempelstätten der Mithrasten, die man »Mithräen« nennt, Felsengrotten oder Kulträume waren, ihnen nachgebaut oder offensichtlich nachempfunden. Immer wieder taucht in diesem Zusammenhang die Frage auf, warum ein Lichtgott in vermeintlich finsteren Gemächern verehrt wurde. Aber in einem Mithräum war es nicht finster! Aufgrund der Funde muß man annehmen, daß durch besondere Beleuchtungsvorrichtungen phantastische Lichtreflexe erzeugt wurden. Allein schon der Nachweis, daß vielfach durch die Decke der künstlich angelegten Grotte Lichtstrahlen einfielen, erlaubt die Vorstellung vom »Licht, das durch den Felsen bricht«.

Bevor der junge Held Mithras zu Taten schreiten kann, besteigt er einen Feigenbaum. Mit dem Messer schneidet er sich Früchte ab, um sich zu ernähren, und von den Blättern fertigt er sich Kleider. Die Sitte, die Geschlechtsteile auf Statuen durch »das Feigenblatt« zu verdecken, stammt erst aus dem 18. Jahrhundert, ist aber bereits bei der Abbildung des nackten Menschen in frühchristlicher Zeit üblich. Dies erinnert an die Tatsache, daß die Feige ein uraltes Sexsymbol der Mittelmeerkulturen ist und daß der Feigenbaum in vielen Religionen als heilig verehrt wird. In Indien wird ihm besondere Wertschätzung zuteil, wenn er mit der heiligen Brahmanenschnur geschmückt wird. Die Buddhisten stellen den Feigenbaum auf ihren religiösen Bildern häufig dar, denn eines Tages machte Siddharta Gautama unter solch einem Bodhi-Baum am Ganges Rast, umschritt ihn siebenmal und gelobte, sich nicht mehr von hier wegzurühren, bevor er nicht die letzte Erkenntnis gefunden habe. Nach sieben Jahren des Mühens erlangte er sie und wurde zum Vollendeten, zum Buddha, dem Erleuchteten. So ist es gewiß kein Zufall, daß die Legende berichtet, daß Mithras im Feigenbaum verweilte, bis er gegen jene Kräfte den Kampf aufnahm, welche die Welt beherrschen.

Der Mythos des Gottes führt uns in jene Urzeit, in der in einer Götterdämmerung die olympische Hierarchie entstanden ist. Viele mithrische Monumente tragen Bilder vom Sonnengott Helios, den die Römer Sol nannten. An ihm maß Mithras seine Kräfte zuerst. Zwischen ihm und Helios besteht ja eine gewisse Rivalität, da beide Lichtbringer sind. Helios-Sol-Apollo sind die Spender des Sonnenlichts, Mithras dagegen bringt ein Licht, das wir uns verinnerlicht zu denken haben, da es uns den Weg zur Erlösung weist. Im Zweikampf Mithras-Helios siegt der junge Gott, ein Zeichen dafür, daß das »innere Licht« mehr bedeutet als die Helligkeit des Tages.

Sol war allerdings keineswegs ein Feind von Mithras, nicht einmal sein direkter Gegenspieler, eine Annahme, zu der man neigen könnte, da er doch gegen ihn kämpfte. Eher war es ein Messen der Kräfte, das schließlich zum unauflöslichen Freundschaftsbund führte. Vergleichsweise ringt Jakob mit einem Engel um den Preis von Segen und Kraft: »Ich lasse Dich nicht, Du segnest mich denn!« (1. Mos., 32). Etwa in diesem Sinn mag auch Mithras um die Kraft des Sonnengeistes erfolgreich gerungen haben, was ihn am höheren Wesen Ahura Mazdas Anteil gewinnen ließ, so daß er schließlich mit diesem verschmelzen konnte.

Die Bas-Reliefs haben oft einige Begebenheiten aus dem Leben Mithras zum Inhalt, etwa das Wasserwunder:

Mithras schießt einen Pfeil auf einen Felsen ab, und ein Mensch versucht, vor diesem kniend, mit seinen Händen das nunmehr hervorquellende Wasser aufzufangen.

Bei dem ähnlichen biblischen Wasserwunder in der Wüste Sinai denkt man zuerst, es handle sich um Trinkwasser, das Moses seinem Volke beschafft, um es vor dem Tode durch Verdursten zu retten. Abbildungen auf christlichen Sarkophagen mögen jedoch ein Indiz dafür sein, daß es sich um die Erquickung durch das Wasser der Unsterblichkeit handelt. Vermaseren fand im Mithräum von Santa Prisca in Rom einen ähnlichen mithrischen Beleg, nach dem der im Felsen beschlossene Quell Nektar ist. Dies aber ist der Göttertrank, der die Unsterblichkeit verleiht. Demnach müßte es sich um »Lebenswasser« handeln, von dem die Sumerer annahmen, daß es von der himmlischen Zeder herniedertropft. Da die Planeten, die die Babylonier ihren Göttern zuordneten, täglich untergehen, also sterben, bevor sie zu neuem Leben auferstehen, bedürften demnach die Götter immer wieder eines Auferstehungstrankes.

Vermutlich waren es auch die Sumerer, die hinter der vorletzten Region des Tierkreises das Bild des Wassermanns schauten. Er galt ihnen als Lebenserwecker. Rollsiegel aus dem dritten vorchristlichen Jahrtausend stellen Götter- und Heldengestalten dar, aus deren Schultern oder von deren

Seiten sich Wasserströme ergießen. Häufig sind es zwei Wässer, das Wasser des Lebens und das Wasser des Todes. Noch heute ist das astrologische Ideogramm für das Zeichen Wassermann eine doppelte Wellenlinie. Diese zwei parallel gezeichneten Wellen stehen für den Aquarius, den Hüter der Quelle. Er ist selten ohne eine Amphora abgebildet, die dadurch zu einer anderen bildlichen Signatur des Tierkreiszeichens Wassermann wurde.

Das Wasserwunder könnte durchaus auf mithrischen Altarbildern dargestellt worden sein, um den Mysten auf die Kraft des Lebenswassers hinzuweisen. Damit wäre ein ähnlicher Vorgang gegeben, wie ihn die Worte Jesu bezeichnen, die Johannes niederschreibt (7, 37 u. 38): »Aber am letzten Tag des Festes, welcher der höchste war, trat Jesu auf, rief und sprach: Wen da dürstet, der komme zu mir und trinke! Wer an mich glaubt, wie die Schrift sagt, von des Leibe werden Ströme lebendigen Wassers fließen.«

In Sumer galt die Göttin Gula als wundertätige Ärztin, die mit reiner Hand Tote lebendig machen konnte. Sie hatte die Aufgabe, den Höllenhund vom Lebenswasser fernzuhalten, mit dem sie sich die Hände reinigte. Möglicherweise wies die bildliche Darstellung des mithrischen Wasserwunders den Mysten auch auf die Kraft jener Waschung hin, die von Schuld und Sünde freimachen konnte. Die verschiedenen Grade der Einweihung in den mithrischen Glauben ließen den Novizen bei der Betrachtung des Bildes vom Wasserwunder des Mithras vermutlich ein recht vordergründiges Geschehen annehmen, dessen Tiefe ihm erst durch die Einweihung enthüllt wurde.

Wenn in verschiedenen bildlichen Darstellungen Mithras nicht auf einen Felsen vor ihm, sondern in den Himmel über ihm zu schießen scheint, ist dies kein anderer Sachverhalt, sondern offenbart nur die Herleitung aus der altpersischen Überlieferung, nach welcher der Himmel ja ein Felsen war.

Das zentrale Motiv der mithrischen Altarbilder sind jedoch Mithras und der Stier. Sie zeigen in der Regel jenen Augenblick, in dem der göttliche Held dem gewaltigen Tier den Dolch oder ein Kurzschwert in die Seite bohrt. Die Tötung des Stieres ist Höhepunkt und zugleich das bedeutsamste Ereignis während Mithras' Erdentagen.

Der Stier spielte in den Mythen vieler Völker eine große Rolle. So ließ die von Gilgamesch verschmähte Liebesgöttin Ischtar den Himmelsstier auf Gilgamesch und die Stadt Uruk los. Allein durch sein Schnauben entstand eine Grube, in die hundert Männer fielen.

Dieser Himmelsstier, als Sternbild sichtbar, gilt eigentlich als der Hüter der Himmelswelt. Er soll diese gegen alles schützen, was von unten kommt. Denn unten am Himmel, also als Gegenzeichen zum Stier im Zodiak, ist das Sternbild und Tierkreiszeichen Skorpion, symbolisch für die Skorpionmenschen, die (so im Gilgameschepos) das Felsentor zum Totenreich bewachen. Stierkolosse flankierten einst die Treppen zu babylonischen und assyrischen Königspalästen. Im ägyptischen Memphis wurde Apis, der heilige Stier, verehrt. Bis zu siebzig Tonnen wogen die Granitsarkophage, in denen die Ägypter einbalsamierte Stiere beisetzten. Die geheimnisvolle Sphinx trägt einen Menschenkopf auf einem Stier- oder Löwenleib. Diese Mischgestalt weist auf den göttlichen Ursprung der Menschennatur. Symbolisch drükken Stier und Stierhaftes die irdischen Bindungen aus, deren sich der Mensch immer wieder bewußt werden muß und gegen die er anzukämpfen hat.

Mithras wird zum Stierüberwinder, gleich dem Herakles der griechischen Mythologie. Dem Menschen aber ist aufgegeben, geistig das Irdische zu überwinden, das in der Astrologie durch das zweite Zeichen des Tierkreises, eben durch den Stier, repräsentiert wird. Die Mithrasreligion ist so sehr mit Astrologie durchsetzt, daß sich ihr Sinngehalt auch nur durch sie erschließen läßt. Das Tierkreiszeichen Stier hat die sinnenfrohe Venus als Regentin und ist von Erd-Qualität, drückt daher Beharrung und Erdenschwere aus. Saturn ist »Mitregent« in diesem zodiakalen Zeichen, nächst ihm Merkur, astrologisches Symbol des Denkens: Nur wenn der »Gedankenfaden« nicht abreißt, kann das Leben gelingen und der Mensch die allzu irdischen Bindungen überwinden und den sinnlichen Verlockungen widerstehen. Es ist der Faden der Ariadne, den Theseus geschenkt erhielt, als er sich in das Labyrinth wagte, um den Minotaurus zu erlegen. Er überwältigt das Ungeheuer mit Menschenkörper und Stierkopf, Symbol für die Unnatur, welche die Triebe und Leidenschaften über das Gesittete triumphieren lassen; schließlich war der Minotaurus von Pasiphae, der Gemahlin des Minos, geboren worden, die sich in einen schneeweißen Stier verliebt hatte.

Sich dem Stierhaften zu ergeben, ist für den Menschen gefährlich. Sol nennt seinem Sohn Phaeton »die Hörner des feindlichen Stieres« als erste Gefahr für den Sonnenlenker. Die Hörner des Stieres gleichen der Sichelgestalt des Mondes. Er ist in der Astrologie das Symbol für die Mutter und für die Fruchtbarkeit. Aber auch der Stier selbst, besonders der Zuchtstier, gilt als Sinnbild der Zeugungskraft und Fruchtbarkeit. So erklärt sich die innere Verwandtschaft zwischen den Tierkreiszeichen Krebs und Stier, obwohl sie verschiedenen Elementen zugeordnet werden (Krebs = Wasser, Stier = Erde). Daher aber auch ist der Mond, der Regent des Zeichens Krebs, nach traditioneller Auffassung »erhöht«, ist »in Würden«, wenn er durch den Stier wandelt. Mesopotamien verdankte in antiker Zeit die Fruchtbarkeit seiner Felder zwei Umständen, dem Hochwasser, das der Euphrat im Frühjahr führte, und der Sonne. Das Hochwasser aber trat ein, wenn die Sonne sich im Tierkreiszeichen Stier befand. Er galt auch den Ägyptern als »Haus« der Venus, die als kuhköpfige Göttin Hathor verehrt wurde.

Die Stier-Sonne trocknete das Hochwasser und bewirkte die üppige Vegetation. Wie die Pflanzenwelt immer erneut eines solchen Anstoßes bedarf, sind auch die Fruchtbarkeit von Menschen und Tieren nicht selbstverständlich. Aus Sorge um die Fruchtbarkeit opferten die Menschen, Blut mußte fließen, der Lebenssaft von Mensch und Tier. In diesem Zusammenhang weist Julius Schwabe darauf hin, daß der Kannibalismus bei Ackerbauern, insbesondere der heißen Zonen, verbreitet ist: »Er darf somit keineswegs als Ausdruck von wilder Mordgier und Blutdurst betrachtet werden, setzt vielmehr eine gewisse Gesittung voraus und entspringt, so roh es uns anmuten mag, jedenfalls einer ursprünglich kulturellen Absicht. Dieselbe Absicht, die pflanzliche, tierische und menschliche Fruchtbarkeit zu sichern, läge dann auch allen Menschenopfern und den allmählich an ihre Stelle tretenden Tieropfern zugrunde, zumal dem des Stiers, der als Opfertier par excellence galt.«[3]

Der Kampf des Mithras mit dem Stier bedeutet einerseits die Überwindung des Himmelsstiers und steht gleichnishaft für den Sieg des Geistes über das Irdische. Die Stieropferung wird darüber hinaus zur heiligen Handlung, der eine in die Zukunft weisende Bedeutung zukommt, weil sie das künftige Leben sicherstellt. Das Niederringen des Stiers ist eine Willensleistung. In der Legende vom Kampf des Mithras mit dem Stier handelt der Gott wie ein Mensch, der, dem Auftrag des Himmels folgend, sich selbst überwindet. Was nach außen als Schlachtung erscheint, ist für den Eingeweihten nicht nur die heilbringende Tat, die der Mensch als Einzelwesen passiv annimmt, sondern wird ihm zugleich zum Vorbild für die Erlösung durch Selbstüberwindung.

Wohl den meisten zivilisierten Menschen unserer Epoche geht es so, daß sie beim Verzehren eines Steaks nicht an die Vorgänge bei einer Tierschlachtung erinnert sein wollen: Es könnte ihnen den Appetit verschlagen. Was uns als naive Fabel von einer wenn auch rituellen Schlachtung erscheinen mag, weist bei näherer Betrachtung der Zusammenhänge indessen in eine steinzeitliche Epoche, in der es höchsten Ruhm versprach, ein erfolgreicher Büffeljäger gewesen zu sein, so daß dies sogar für einen Gott eine ehrenvolle Auszeichnung war.

Wie bei einer jeden Jagd beginnt die Fabel mit dem Aufspüren des Stieres, der auf irgendeiner Matte in den Bergen weidet. Mithras packt ihn bei den Hörnern und schwingt sich auf seinen Rücken. Das ungebändigte Tier stürzt mit seinem Reiter davon und versucht ihn abzuwerfen. Dies gelingt ihm zwar, doch läßt der Held sich so lange an den Hörnern hängend schleifen, bis der Stier erschöpft ist und aufgibt. Nun packt Mithras das Tier an den Hinterbeinen und zieht es über einen mit Hindernissen übersäten Weg in die Felsenhöhle, die dem Gott als Wohnung dient. Es gelingt dem Stier jedoch, zu entkommen und auf das Feld zu flüchten. Da schickt der Sonnengott den Raben mit dem Auftrag, Mithras möge das Tier erneut fangen und töten. Dieser verfolgt nun mit seinem Hund den Stier, der sich seinerseits vor ihm in jene Höhle flüchten will, aus der er entkommen war. In diesem Augenblick erfaßt Mithras ihn mit der linken Hand bei den Nüstern und stößt ihm mit der rechten sein Jagdmesser in die Flanke.

Jede der einzelnen Szenen ist auf mithrischen Altarbildern in allen möglichen Variationen dargestellt worden. So wird beispielsweise unterschiedlich gezeigt, wie der überwundene Stier in die Höhle des Gottes gelangt. Einmal wird er an den Hinterbeinen geschleift. Nach Cumont ist dieser »Übergang« eine Allegorie der menschlichen Prüfungen.

Die eingeweihten Gläubigen wußten um den wirklichen Symbolgehalt dieser Handlung, die gleichnishaft dem schweren menschlichen Schicksalspfad entsprechen mag. Nur wer ihn entschlossen beschreitet und von festem Willen durchdrungen ist, wird das Leben meistern.

Auf vielen Bas-Reliefs und Marmorstatuen wendet Mithras das Haupt noch oben, dem Helios-Sol zu, während er mit seinem Jagdmesser zustößt. Die schönsten Monumente zeigen einen jugendlichen Helden, dessen harmonischer Gesichtsausdruck weder auf die zurückliegenden Beschwernisse noch darauf schließen läßt, daß er als Sieger dem Tier den Tod gibt, daß er sich für die erlittene Unbill rächt. Eher spricht aus den Zügen schmerzlicher Gehorsam. Es ist, als widerstrebe es seinem Herzen, das edle Tier zu töten.

Das dramatische Geschehen, das den Inhalt der Mithraslegende ausmacht, steigert sich bis zu jenem Augenblick, da der Heros den Stier opfert. In der Darstellung dieses Brennpunktes des Geschehens münden alle Absichten des Himmels, er ist auch das Ziel von Mithras Willen. Alle Handlungen laufen darauf zu. Bis dahin liegt die Regie allein in der Hand des Helden. Wohl ist er göttlicher Herkunft, aber die Menschen sehen in ihm sich selbst verkörpert und nehmen die Beschwernisse des Einfangens des Opfertieres als Gleichnis ihres Erdenweges.

Jagd und Schlachtung dienen nicht der Vorsorge für das eigene Leben, der Ernährung. Es ist eine rituelle Tötung, die Selbstüberwindung erfordert. Ist sie vollbracht, quillt das Blut aus der Todeswunde. Da Mithras nun seine Pflicht getan und sich bewährt hat, kann das Heilsgeschehen seinen Lauf nehmen.

Das Vegetationswunder geschieht. Auf den Altarbildern wird es in Nuancen unterschiedlich dargestellt, doch ist es nur in jenem Sinn deutbar, den der Mithrasforscher Cumont herausfand: Der Stier stirbt, damit aus seinem Körper die Lebenskraft frei wird, daß alle grünen Pflanzen und besonders die heilkräftigen Kräuter dieser Erde entstehen können. Aus dem Rückenmark sprießt das Getreide hervor, das zum Brot für die Menschen wird, und aus dem Blut wird der Weinstock, der den heiligen Trank der Mysterien liefert, weil die Haoma-Pflanze in Europa nicht verfügbar war.

Dieses Vegetationswunder deuten die Künstler an, in dem sie den Schweif des Stieres in Pflanzenbüschel enden lassen.

Indem der himmlische Stier auf der Erde stirbt, ermöglicht er es den Göttlichen, ihren Schöpfungsakt zu vollziehen. Sein Tod bringt der Erde Heil und Segen. Die feindlichen Mächte jedoch sind zur Stelle. Die Mehrzahl der Altarbilder zeigt, wie der Skorpion versucht, die Genitalien des Stieres zu verzehren. Die Mondgöttin Luna, die wie Sol auf vielen Altarbildern dargestellt wird und somit der Opferung beiwohnt, wird aber über den Samen wachen. Den Abgesandten Ahrimans, zu denen auch die Schlange zählt, wird es nicht gelingen, den fruchtbaren Samen zu vernichten und damit die Weitergabe des Lebens zu unterbinden. Vielmehr wird er auf dem Mond gereinigt, um sodann auf der Erde nützliche Tierarten und damit neues Leben hervorzubringen.

In der Mondsichel sahen die Ägypter eine Barke, mit der die Toten zu ihrem Reich gelangten. Als Gegensatz zum Taghellen, Sonnenhaften, zum Aktiven, Männlichen und Zeugenden bedeutet der Mond stets das Dunkle, Passive, das Nachgeben und Empfangen. Die Mondgöttin erwies sich als zuständig für die Entbindung von der Leibesfrucht und für Wachsen und Gedeihen des Lebens in der Welt. Luna gebot über Liebe und Hochzeit, der Neumond galt als Vereinigung des Mondes mit der Sonne, als eine kosmische Brautnacht. Der Angriff des Skorpions auf die Genitalien, ohne die das Leben nicht weitergegeben werden kann, symbolisiert den Versuch Ahrimans, den Rhythmus des Lebens zu unterbinden. Auf manchen Altarbildern erhält der Skorpion Unterstützung durch eine Ameise, einem anderen Tier Ahrimans.

Auf einem Denkmal in der Villa Albani in Rom kneift sie wie er die Hoden des Stiers, doch mißlingt der Angriff: dem erigierten Penis fließt der Same aus. Auf verschiedenen Altarbildern ist ein weiteres Tier Ahrimans zu sehen, die Schlange. Aber sie ist nicht immer am gleichen Platz zu finden. Auf einigen Darstellungen scheint sie nach dem ausfließenden Blut zu verlangen. Macht sie dem Hund die Seele des Stiers abspenstig? Er ist das dritte Tier, das bei der Stiertötung anwesend ist. Da er nach der Wunde des Stiers springt, nimmt Cumont an, daß er die Seele desselben behütet. Schließlich gilt der Hund als der treue Jagdgefährte seines Herrn. Herodot berichtet, daß die Hunde bei den Persern in einem so hohen Ansehen standen, daß allein sie, nächst den Menschen, von den Magiern nicht getötet werden durften.

Es könnte sein, daß der Hund das Blut um seiner heiligen Kraft willen lecken möchte. Obwohl die Schlange bei den Persern als verderbenbringend angesehen wurde, könnte man bei ihr ein gleiches Motiv voraussetzen. Es könnten Einflüsse griechischer Tradition mitwirken, die die Schlange als Symbol der Erde ansehen, die von diesem Blut befruchtet werden soll.

Soweit ein Löwe bei der Stiertötung anwesend ist, repräsentiert er das gleichnamige Tierkreiszeichen, das ja die ureigene Region der Sonne ist.

Die Verehrung der vier Elemente spielt im Mithraismus eine hervorragende Rolle, wobei der Löwe das Element Feuer bezeichnet. Die Tierkreiszeichen Skorpion, Stier, Löwe und Wassermann liegen im Tierkreis einander gegenüber, sie bilden dort das »feste Kreuz« der vier Elemente. Auf vielen mithrischen Altarbildern wird auch noch eine Amphore dargestellt. Sie wird als Mischgefäß gedeutet und soll damit symbolisch für das Wasser stehen. In der astrologischen Symbolik repräsentiert sie immer das Zeichen Wassermann, steht demnach für das Luftelement. Die Schlange vertritt das Irdische, der Skorpion das wässrige Element.

Demnach hätte das Skorpiontier im mithrischen Altarbild eine doppelte Funktion. Einmal ist es Symbol des gleichnamigen Tierkreiszeichens, das, als »dunkles Feld«, sich auf den Tod bezieht. Darüber hinaus unternimmt der Skorpion als Abgesandter Ahrimans, wie es ihm zukommt, den Angriff auf das Leben. Daß der Schlange keine direkte Funktion beim Stieropfer zukommt, ist an der unterschiedlichen Auffassung der Künstler abzulesen, die das Tier aus Gründen der Bildkomposition dort anordnen, wo es ihnen am geeignetsten schien.

Selten wird bei der Wiedergabe der Mithraslegende auf den Raben verzichtet, das Symboltier des untersten Weihegrades. In seiner Schrift über die Enthaltsamkeit, in der sich Porphyrios mehrfach mit Mithras beschäftigt, erwähnt dieser den Raben ausdrücklich als Boten Apollos. Der Mosaikfund von Ostia zeigt neben dem Bild des Raben auch den Caducäus, den Schlangenstab, das übliche Attribut des Gottes Merkur. Deshalb kann kein Zweifel bestehen, daß der Rabe (wie der Götterbote Merkur) Botschaften zu übermitteln hat.

In keinem Mithräum fehlen die Dadophoren. Es sind dies zwei jugendliche Gestalten, in denen manche Deuter die Hirten sehen, die bei der Mithrasgeburt anwesend waren. Sie heißen Cautes und Cautopates, zwei Namen, die bislang nicht erklärt werden konnten. Manchmal flankieren die beiden den Mithrasaltar, manchmal sind sie auf ihm selbst dargestellt. Cautes und Cautopates sind Fackelträger. Sie nehmen mit überkreuzten Beinen eine lässige Haltung ein. Cautes hält die Fackel nach oben, Cautopates richtet sie nach unten. Es ist sicher falsch, sie als »Gehilfen« von Mithras anzusehen, da sie ja am Stieropfer nicht beteiligt sind; vielmehr symbolisieren sie Leben und Tod, die beiden Pole, zwischen denen sich unser Dasein bewegt, in denen sich in der Antike wie in der Gegenwart die zentralen Probleme von Religion und Philosophie konkretisierten. Bisweilen ist der freudvolle Cautes zusammen mit einem Hahn, dem »persischen Vogel«, dargestellt, der durch sein Krähen die bösen Dämonen verjagt.

Im Mithräum von Santa Prisca steht Cautes in einer hellorangefarbenen Nische, die des Cautopates ist dagegen dunkelblau. Beide sind Lichtgötter, die mit Mithras eine Dreieinigkeit bilden. Wie dieser tragen sie phrygische Mützen. Wie dieser haben sie Bezug zur Sonne, Cautes zum Mondlicht, Cautopates zum Tagesgestirn im Untergang. Mithras selbst repräsentiert die Sonne in ihrer höchsten Position, wenn sie am Mittag, durch den Meridian gehend, ihre größte Kraft entfaltet. Mithras steht in dieser Trinität an der Spitze. Als Gottheit ist er den beiden anderen übergeordnet. Dies erinnert an dem im dritten Jahrhundert in Medien aufgekommenen Zervanismus, einer Sonderform der Lehre Zarathustras. In ihr wird der Dualismus, durch den Gegensatz zwischen Ahura Mazda und Ahriman bedingt, aufgehoben, indem man sie von Zervan, dem Gott der Unendlichen Zeit, abhängig sah. Man kann dies als Schritt in Richtung einer monotheistischen Religion ansehen. Wenn auch Ahura Mazda, Symbol des Guten und Ahriman, des Bösen, von Zervan, der Unendlichen Zeit, abhängt, wird die Qualität der Gegensätze damit nicht gemindert.

Unter den Monumenten, die in den Mithräen, also in den Mithras-Tempeln, aufgestellt wurden, fallen die Darstellungen eines löwenköpfigen Gottes, des Zervan, besonders auf. In der Regel handelt es sich um einen in strenger Körperhaltung, mit nebeneinandergesetzten Füßen dargestellten Jüngling. Da aber die Genitalien nicht zu sehen sind, könnte es sich auch um einen Hermaphroditen handeln, also um eine doppelgeschlechtliche Person. Ein Novize, der diesem Bildwerk zum erstenmal gegenüberstand, mag erschaudert sein, während der Eingeweihte in ihm einen tiefen Sinn sah.

Zervan, (auch Zurvan) der Gott der Unendlichen Zeit, muß als eine Schöpfung des persisch-babylonischen Priestertums angesehen werden. Es gibt ihn schon seit dem 12. Jahrhundert v. Chr. Als Schicksalsgott ist er mit dem griechischen Gott Aion (Äon), dem Gott der Zeitalter, verwandt. Er gilt als Herr des Lichtes und der Finsternis, weshalb unter dem Einfluß Zarathustras Ahura Mazda, der

Schöpfergott, das Prinzip des Guten, und Ahriman, der böse Geist, zu Zwillingsgeschöpfen Zervans wurden.

Dieser soll die Gedanken der Gläubigen auf die Stunde des Endkampfes zwischen dem Guten und dem Bösen in der Welt richten. Wenn Ahriman, der Gott des Bösen, die großen Plagen schickt, wird sich das Ende der Welt ankündigen, dann wird der wunderbare Urstier auf der Erde erscheinen und Mithras nahen. Es ist die Stunde des Gerichts, in welcher der Gott der Wahrheit die Guten für ihre Taten belohnen und sie von den Bösen scheiden wird. Noch einmal wird der Stier geopfert. Sein Fett wird mit geweihtem Wein zu einem Trank gemischt, der den Guten damit unsterblich machen wird. Die Bösen aber werden von dem furchtbaren Feuer verzehrt werden, das Jupiter (=Ahura Mazda) vom Himmel senden wird. Die Gerechten werden dem Weltbrand entrinnen und sich des ewigen und vollkommenen Glücks erfreuen, Ahriman, die Mächte des Bösen, und jene, die zu ihnen zählen, werden untergehen.

Der Löwenkopf symbolisiert das Feuer, sowohl das Element wie das große Ereignis beim Weltenbrand, wie er nach der Lehre Zarathustras ablaufen wird. Auf das Löwenhaupt (Löwe ist als Tierkreiszeichen der Sonne zugeordnet) bettet die Schlange ihren Kopf. Sie ist Symbol alles Irdischen, das der Vergänglichkeit unterworfen ist. So steht die Schlange auch in Beziehung zur Zeit und wird zusammen mit Zervan-Aion deren Apotheose (=Vergöttlichung). Zervan steht für das Schicksal, dem Götter und Menschen unterworfen sind und das astrologisch bestimmbar ist. Wir wissen nicht, auf welche Art und Weise die Figur von Zervan in das mithrische Ritual einbezogen wurde, das sich nach und nach herausgebildet hat. Die Einführung von Zervan in den Kult muß als eine besondere intellektuelle Leistung angesehen werden. Sie kann nicht spontan erfolgt, sondern wird eher aus dem Bestreben hervorgegangen sein, den in gewisser Hinsicht unbefriedigenden persischen Dualismus monotheistisch zu überhöhen. Wahrscheinlich wird Gott Zervan ebenfalls an einer Umstimmung der Bewußtseinslage des Gläubigen beteiligt gewesen sein, die zu einem inneren Wandlungsprozeß führte.

Die Aufnahme von Zervan-Riten in den Mithras-Kult kann nur als aktivierende Kraft für das Seelenleben verstanden werden, sie wird weniger dem meditativen Sich-versenken zugekommen sein. Der Gläubige sollte sich selbst als Teil des Ganzen erleben und damit die Identität des menschlichen Mikro-Kosmos mit der größeren Welt, dem Makro-Kosmos, anerkennen. Dazu ist es nötig, das Äußerliche abzustreifen und in die Tiefe der eigenen Seele zu tauchen. Das aber bedeutet, die delphische Forderung nach Selbstverwirklichung anzunehmen: »Werde der, der Du bist!«

Dem Erlebnis des Göttlichen in sich selbst steht die Zeit entgegen. »Zeit« zu erleben ist menschlich, von ihr erfaßt und – das sei im Hinblick auf unsere Gegenwart gesagt – getrieben zu werden, ist allzu menschlich. Daher war es stets das Ziel aller Weisen, aus der Zeit herauszutreten. An die Erde gebunden, erleben wir die Abfolge von Ursache und Wirkung und orientieren uns an greifbaren Lebenszielen, denn »außer der Zeit gehört uns nichts« (Seneca). Schopenhauer meint, daß ein intelligenter Mensch versuchen wird, die Zeit auszunützen, während gewöhnliche Menschen nur überlegen, wie sie die ihre verbringen können. Das sollte freilich nicht so weit gehen, daß »Zeit Geld ist«. Zu dieser Auffassung hatte östliches Denken nie Zugang, und auch der Welt des Mithras war sie fremd. Wenn der Prediger Salomo im dritten Kapitel zu dem Schluß kommt, daß jegliches seine Zeit und alles Vornehmen unter dem Himmel seine Stunde habe und daß alles an einen Ort fährt, von Staub gemacht ist und wieder zu Staub wird, so ist dies eine grundlegende Erkenntnis jeder religiösen Auseinandersetzung mit der Zeit.

Das Löwenhaupt des mithrischen Zeitgottes spricht eine deutliche Sprache. Mag das Raubtier an den »Zahn der Zeit« gemahnen, dem nichts widersteht, so wird durch den geöffneten Rachen bildhaft ausgedrückt, daß die Zeit auch alles verschlingt. Die zeitgenössische Darstellung des monströsen, schrecklichen Zervan geht tiefer als die Saturns, der als Chronos dem Menschen das Stundenglas vorhält oder der noch auf mittelalterlichen Holzschnitten als Sensenmann personifiziert ist. Die Abbildung des »Schnitters Tod«, der bei dem Kranken anklopft, dessen Uhr abgelaufen ist, erscheint gegen Zervan fast zahm und friedlich. Die Welt, in der sich das Volk an Zirkusspielen ergötzte, in denen Menschen von Bestien zerfleischt wurden, bedurfte einprägsamerer Mahnungen als das vergleichsweise milde Mittelalter, tausend Jahre später.

Das Göttliche ist ohne Raum und ohne Zeit, denn es ist unendlich. Daher mußte die Unendliche Zeit die Würde eines Gottes erhalten, weil sie alles verzehrt, worin der Mensch lebt und denkt: Die Stunde mit ihren Minuten, den Tag, die Woche, das Jahr. Zervan war es, dem diese Zeitabschnitte gehörten, der sie schuf und der sie tilgte. Daher verehrten die Mithrasten ihn und seine Werke, die Zeitabläufe.

Die Mithrasten beachteten genau, welcher Wochentag es war, welchem Planetengott gehuldigt wurde und feierten die jeweiligen Zeitabschnitte.

Neben diesen wurden die Jahreszeiten durch Feste begangen, da sie das Sterben und Wiedererwachen der Natur sinnfällig erkennen ließen. Daher lagen auch am Frühlingsanfang die bedeutsamen Einweihungszeremonien. Mit den Terminen der Tag- und Nachtgleiche und denen der Sonnenwende hatte die Natur einen religiösen Festtagskalender vorgegeben. So wurden die »Mithrakana« als Hauptfest des Jahres begangen, wenn zur Wintersonnenwende den hoffenden Menschen das Tageslicht neu geschenkt wird. Man feierte die Geburt des Mithras, die Auferstehung des Lichtgottes, als den Tag der unbesiegbaren Sonne.

Es war ein kluger und hochpolitischer Schachzug, als die christliche Kirche die Feier des Geburtstags Jesu vom 6. Januar, als der er bisher gegolten hatte, auf den 25. Dezember verlegte. Dies geschah erstmals in Rom im Jahr 354. Damit wurde erreicht, daß das Christfest zusammenfiel mit dem von Kaiser Aurelian 274 eingeführten Feiertag des *sol invictus* (das ist der unbesiegte Sonnengott), des Geburtstages des mithrischen Erlösers. Damit war es den Christen in der religiösen Umbruchperiode des vierten Jahrhunderts möglich, an die eingefahrenen Traditionen anzuknüpfen. Es blieb der Feiertag als Geburtstag des Herrn, es wechselte lediglich die Bezugsperson. Anstelle des Gottes Sol – Mithras trat der Gottessohn Jesus. Die junge christliche Kirche konnte es sich im vierten Jahrhundert ohne Gefahr für ihren Bestand einfach nicht leisten, die Existenz des höchsten mithrischen Feiertages zu ignorieren oder gar als Staatskirche darauf hinzuwirken, ihn zu verbieten. Diese Tatsache widerlegt die Bemühungen christlicher Apologeten, die Bedeutung des Mithraskultes herunterzuspielen.

Der löwenköpfige mithrische Gott der Unendlichen Zeit mahnte als symbolisches Menetekel nicht nur den einzelnen. Als Aion war er der Gott der Zeitalter, deren Abfolge wir uns nach orientalischer Auffassung nicht im Sinne einer geraden Entwicklung, sondern spiralförmig denken müssen. Es ist der Gedanke der Wiederkehr des Gleichen unter veränderten Umständen. Die Schlange, die Zervan-Aion umschlingt, ist nichts anderes als die Ekliptik, der Weg der Sonne durch die Bilder des Himmels. Für den einzelnen Menschen sind die Windungen der Zeitspirale der Weg zum Licht der Erkenntnis, zum Löwenhaupt, dem Sonnensymbol. Häufig sind es sieben Windungen, in Übereinstimmung mit den sieben Planeten, oder es sind vier, bezogen auf die vier Elemente.

Ist die Tötung des Stieres die häufigste bildliche Darstellung des Mithraismus, so steht an zweiter Stelle das Liebesmahl zwischen Sol und Mithras. Es ist anzunehmen, daß der Zweikampf, den Mithras als erste Bewährungsprobe mit Sol zu bestehen hatte, mit einer gemeinsamen Mahlzeit abschloß.

Mythen der Vorzeit berichten ebenso wie Religionen häufig von Festmählern. Götter nehmen an ihnen teil, aber auch Menschen. Wir übersehen leicht, daß die Sicherung der Ernährung, des »täglichen Brotes«, die Hauptsorge der Menschen in den frühen Epochen der Geschichte gewesen ist. Sie konnten als Viehzüchter und Bauern zwar für ihre eigene materielle Existenz arbeiten und für die Familie sorgen, doch waren sie von der Witterung und anderen Umständen ungleich abhängiger als wir und ernteten nur einen Bruchteil dessen, was ein Bauer unserer Zeit dem Boden abgewinnt (im Mittelalter waren es nur zwanzig Prozent des heutigen Ertrages).

Den altiranischen Hirtenvölkern ging es kaum besser als einzelnen nomadisierenden Völkerstämmen, wie sie heute noch in dieser Region angetroffen werden.

Ist die Ernährung kärglich, haben Essen und Trinken einen besonderen Rang. Es versteht sich von selbst, daß jedes besondere Ereignis oder jede Festlichkeit mit einer Mahlzeit verbunden wurde, die durchaus nicht nur symbolische Bedeutung hatte. Eine glückliche Jagd, ein Sieg im Kampf um die Wasserstelle, aber auch persönliche Erfolge oder Familienfeste boten immer wieder Anlaß, sich zu einer gemeinsamen Mahlzeit zusammenzufinden. Sie konnte den Charakter eines Opfers an die Götter haben, denen man den Erfolg zuschrieb oder deren weitere Gunst man erflehte. Es war nur sinnvoll, daß man sich das Opfer gewissermaßen zur höheren Ehre der Götter selbst einverleibte. Im Kannibalismus, der bei den Naturvölkern aller Erdteile nachgewiesen ist, wird ein anderer Aspekt der festlichen Mahlzeit besonders deutlich: Besondere Eigenschaften wie Kraft und Mut sollen auf den Esser übergehen.

Der Stier war das bevorzugte Opfertier der Mithrasten. Wenn man sich überlegt, welchen Wert ein edler Stier für nomadisierende Rinderhirten hat, wird man vielleicht ermessen, warum gerade die Tötung dieses Tieres und die mit ihm verbundene Mahlzeit ein Opfer von hervorragender Qualität gewesen sein muß. Für die Mithrasten war es selbstverständlich, daß Sol und Mithras, Freunde geworden, sich zu einem heiligen Mahl zusammenfanden. Zu Ehren der Götter haben die Menschen später dieses Liebesmahl nachvollzogen.

Aus der Blütezeit des Mithraskultes stammen die Fresken, die in dem Mithräum unter Santa Prisca auf dem Aventin in Rom um 220 gemalt wurden. Sol und Mithras essen hier, wie es bei den Römern üblich war: Sie liegen auf Bänken hinter einem kleinen Tisch und werden von Eingeweihten bedient. Einer trägt eine Rabenmaske, ist also als »Rabe« ausgewiesen, andere werden in Schriften als »Löwen« bezeichnet. Ihre Gaben sind Brot, ein Mischgefäß, ein Hahn oder Kerzen. Sol ist mit einem langen roten Gewand geschmückt, das durch einen goldenen Gürtel zusammengehalten wird. Um sein Haupt leuchtet der Nimbus des Strahlenkranzes. Mithras trägt ebenfalls einen roten Mantel und ist an der roten phrygischen Mütze zu erkennen. Bilder und Reliefs, die von der Mahlzeit Kunde geben, zeigen als Speisen das Fleisch des Stieres oder ersatzweise anderere Tiere, eingekerbte Brote, Früchte und Fische. Eine gewisse Rolle spielen auch Weintrauben, da aus ihnen das kultische Getränk gewonnen wurde. Wein hat als berauschendes Getränk wahrscheinlich noch eine größere Bedeutung gehabt als das Blut des Stieres, das wohl ebenfalls getrunken wurde. Mit ihm nahm man nicht nur Kraft und Mut des Tieres auf, sondern glaubte, das Ewige Leben zu erringen.

Vermaseren sieht in den Bildern der gemeinsamen Mahlzeit von Sol und Mithras das heilige Abschiedsmahl, das nach der Stiertötung begangen wurde, bevor die Himmelfahrt des Mithras erfolgte. Er weist darauf hin, daß gerade die Darstellungen dieses heiligen Mahles durch den Bildersturm der Christen gegen Ende des vierten Jahrhunderts n. Chr. am meisten beschädigt wurden. Da andere Szenen unzerstört blieben, kann man dieses Vernichtungswerk nur einem Haß zuschreiben, wie er aus mißverstandenem Glaubenseifer zu erklären ist. Für den leidenschaftlichen Apologeten Tertullian war die heilige Mahlzeit eine »teuflische Nachahmung der Eucharistie«. Er war demnach der Meinung, daß das christliche Abendmahl älteren Datums sei. Da jedoch Stieropfer wie der Genuß des heiligen Haoma-Trankes bereits bei den Mithrasten in jener vorchristlichen Zeit eine zentrale Rolle spielten, als der Kult noch auf Persien beschränkt war, kann man eher in der Eucharistie eine Anleihe beim Mithraskult sehen, sofern nicht beide eine gemeinsame Wurzel haben, die in eine Zeit hinabreicht, als der Mahlzeit eine so besondere Stellung zukam, daß sie eine rituelle Bedeutung erlangte.

Das Mahl, welches die Mithrasten gemeinsam an ihrer Kultstätte einnahmen, hatte einen symbolischen Sinn, wenn auch nicht ausschließlich. Sofern es sich um eine rituelle Gedächtnisfeier für die Freundschaft von Sol und Mithras gehandelt hat, genügte ja ein Schluck Weines und ein Bissen Brot. Die in den Abfallgruben neben den Mithräen aufgefundenen Überreste von Mahlzeiten wie die in einem Fall schriftlich belegten Ausgaben für Fleisch und Wein machen aber deutlich, daß es sich bei den Mahlzeiten, die im Mithräum von den Gläubigen eingenommen wurden, um eine echt physische Stärkung gehandelt haben muß, wobei der Wein als berauschender Trank stimulierend gewirkt haben wird. Wie der Haoma-Saft den Mysten in seiner Glaubenskraft stärkte, schrieb man dem Wein eine ähnliche Wirkung zu. Er wurde durch fromme Sprüche der Priester gesegnet und konnte daher seine heiligende Kraft enfalten.

Zum Vergleich sei an den Bericht des Apostels Johannes über die Speisung der Fünftausend erinnert. Jesus sprach: »Ich bin das lebendige Brot, vom Himmel gekommen. Wer von diesem Brot essen wird, der wird leben in Ewigkeit. Und das Brot, das ich geben werde, das ist mein Fleisch, welches ich geben werde für das Leben der Welt.« (Joh. 6, 54) Natürlich waren sich die Apostel und Jünger Christi bewußt, daß es sich um eine symbolische Speisung handelte, die im rechten Glauben bestärkte und das Ewige Leben in Aussicht stellte. Eben deshalb werden sich frühchristliche Glaubensstreiter wie der 165 in Rom hingerichtete Justinus daran gestoßen haben, im Kultmahl der Mithrasten ein ähnliches Ritual wie das christliche zelebriert zu sehen. Die vom Mithraspriester gebrauchten religiösen Formeln dürften zoroastrischen Ursprungs sein, wie sie Cumont einem mittelalterlichen Text entnahm: »Wer nicht von meinem Leib essen und von meinem Blut trinken wird, so daß er sich mit mir vermischt, wie ich mich mit ihm vermische, der wird das Heil nicht haben ...«[4]

Bekanntlich wird bei der katholischen Meßfeier und dem evangelischen Abendmahl eine scheibenförmige Oblate als »Brot« verwendet. Diese hostienartige Brotscheiben sind auch von mithrischen Kultbildern bekannt. Die kreisrunde Scheibe ist das uralte Symbol der Sonne. Als Kreis mit einem Punkt ist in der Astrologie seit jeher das noch heute gültige Symbol des Zentralgestirns. Dieses Siegel der Sonne repräsentiert den schöpferischen Gottesgeist in Kosmos und Mensch, wobei der Kreis auf die unendliche Kraft deutet, die man sich vom Punkt im Zentrum ausstrahlend vorstellen muß. Dieses aber ist zugleich Ziel und Sinn des Lebenswillens. Die Sonne im Menschen bezeichnet seinen geistigen Kern, sein eigentliches Ich und repräsentiert in esoterischem Sinn das höhere Ich. Für den Mithrasten wie für seinen christlichen Zeitgenossen war es sicher nicht gleichgültig, welche Religion in der Frage der heiligen Mahlzeit Ansprüche auf den Primat stellte. Da die Mithrasgläubigen aber zur strengsten Geheimhaltung all dessen verpflichtet waren, was ihren Kult betraf, kam es nicht zur klärenden Auseinandersetzung.

Die künstlichen oder natürlichen Grotten, die den Mithrasten als Tempelstätten dienten, waren nur für eine geringe Anzahl von Gläubigen gedacht. Daher fanden sich stets nur wenige und auch immer derselbe Kreis zu den Kulthandlungen ein, wozu auch die mystischen Mahlzeiten gehörten. Während in der heutigen christlichen Kirche Kommunion oder Abendmahl jener Höhepunkt der Messe oder des Gottesdienstes sind, in dem der Gläubige in persönliche Beziehung zu Christus tritt und wodurch dieser heilige Akt eine ganz individuelle Note bekommt, war bei den Mithrasten das heilige Mahl zugleich ein Gemeinschaftserlebnis. Solange es sich bei den Urchristen um Verfolgte handelte, spielte der Gemeinschaftsgedanke auch bei ihnen eine ungleich größere Rolle als zu der Zeit, da das Christentum Staatsreligion geworden und auf Expansion bedacht war. Es ist kein Zufall, daß einzelne christliche Konfessionen oder Sekten den Gemeinschaftsgedanken, also das Zugehörigkeitsgefühl zur Kultgemeinde, ganz bewußt zu stärken versuchen. Für die zu einer Bruderschaft zusammengeschlossenen Mithrasten mag das gemeinsame Mahl ein unverzichtbarer Teil ihrer Religion gewesen sein.

Zu den mithrischen Altarbildern zählt auch die Darstellung der Himmelfahrt des Mithras als Abschluß seines Erdenlebens.

Die wichtigsten Teile der Mithräen, der Kultstätten, lagen unter der Erde. Die mithrischen Tempel, soweit es sich um größere Anlagen handelte, unterschieden sich kaum von anderen Tempeln. So krönte ein Giebel die Säulenhalle. Zur ebenen Erde lag ein Saal, dem Nebenräume angeschlossen waren. Da gab es eine Art Sakristei, wo die Kultgeräte aufbewahrt wurden und wo man vermutlich die Vorbereitungen traf, die zur Durchführung der Messe und der Einweihungszeremonien erforderlich waren. Von diesen oberirdischen Räumen führten sieben Treppenstufen hinab in die unterirdische Anlage.

In dieser Krypta fand der eigentliche Gottesdienst statt. Im Grunde genommen war es der Nachbau einer Felsenhöhle. Ursprünglich wurden mithrische Messen ja in Grotten abgehalten, die als besonders geeignet galten, wenn sie in der Nähe einer Quelle lagen. Man erinnerte sich dadurch der Felsengeburt Mithras, die in der Nähe eines Flusses – die Gläubigen dachten dabei an den Euphrat – erfolgt war. Außerdem erforderte die Verehrung, welche den vier Elementen zuteil wurde, das Vorhandensein von Wasser, das deswegen vielfach in die Kultstätte geleitet wurde. Schließlich erfüllte es aber auch einen praktischen Zweck, da man es sowohl bei den Opferritualen, als auch bei Waschungen und Mahlzeiten benötigte. Der eigentliche Kultraum war selten länger als 16 m und breiter als 6 m. Die Stirnseite war häufig als Apsis ausgebildet. Sie nahm das eigentliche Kultbild auf, die Gruppe des stiertötenden Mithras. In reicher ausgestatteten Mithräen standen hier auch die Monumente anderer Götter. Vor der Apsis brannten die Feueraltäre. Zu beiden Seiten zogen sich die steinernen Ruhebänke hin, auf denen sich die Gläubigen niederließen oder zum Mahle ausstreckten.

Auf einem kleinen Sims wurden Öllampen abgestellt oder die Mahlzeiten serviert. Der breite Gang zwischen den Ruhebänken war der eigentliche Sakralraum, in dem sich das kultische Geschehen abspielte, wobei man in erster Linie an die Einweihungszeremonien, aber auch an feierliche Umgänge denken muß. Sofern es sich nicht um eine natürliche Höhle handelte, wurde versucht, der Kultstätte einen derartigen Charakter zu verleihen. Die Decke war stets gewölbt und aus Stein oder aus Flechtwerk, das man mit Gips verkleidet hatte, um ihm das Aussehen eines Felsengewölbes zu geben, da die Mithrasten sich den Himmel ja als aus Felsengestein bestehend dachten. Sofern es sich um eine künstliche Decke handelte, war sie an manchen Stellen durchbrochen, um von oben das Licht von Lampen oder Fackeln einstrahlen zu lassen. Der Eindruck des Firmaments wurde noch verstärkt durch helle Sterne, die man auf blauem Grund gemalt hatte. Sofern die Bilder des Tierkreises nicht bereits über dem Altarbild angebracht waren oder dieses selbst schmückten, führte man das Band des Zodiak im Bogen über den Rand der Grotte.

Ausgestattet war das Heiligtum je nach Vermögen der Gemeinde. Sklaven oder Freigelassene werden vielfach als Gründungsmitglieder erwähnt. Sie waren selten reich, und bei aller Spendenfreudigkeit war die Erstausstattung des Heiligtums meistens bescheiden. Die Altarbilder waren einfache Steinmetzarbeiten, die künstlerischen Ansprüchen kaum genügten, die Skulpturen waren aus Stuck, und die Wände durch einfache Malerei verziert. War die Gemeinde gewachsen und die Bruderschaft insgesamt wohlhabender geworden, konnte man sich auch Künstler leisten, die das Altarbild würdiger, vielleicht in Marmor, gestalteten oder die Mosaikarbeiten anfertigten. Wer sich durch besondere Freigebigkeit auszeichnete, wurde als Spender in Weiheinschriften erwähnt.

Die Kultgemeinden waren klein. Wurde der Zulauf stärker, gründete man neue Mithräen und neue Bruderschaften. Daher kannte in der Gemeinde jeder jeden, und der intime Charakter des Gottesdienstes dürfte ein ganz wesentliches Element des Kultes gewesen sein. Zeitgenossen wie Tertullian oder Firmicus Maternus wundern sich, warum die Mysterien eines Sonnengottes in dunklen Grotten gefeiert wurden. Da über den Inhalt des Glaubens durch die Schweigepflicht der Mithrasten nichts verlautete, blieb verborgen oder wurde absichtlich verschwiegen, daß es den Eingeweihten vor allem um das innere, d.h. das geistige Licht ging.

Gerade weil das Sonnenlicht nicht oder nur in sehr kleinen Öffnungen eindrang, entstand – wie dargelegt – im Heiligtum jenes feierliche Halbdunkel, auf das in der Vergangenheit auch christliche Kirchen nicht verzichteten. Die Flammen der Opferaltäre dürften die Reliefs und Skulpturen durch das Spiel der Schatten eigenartig belebt und jene Stimmung geschaffen haben, die es der forschenden Seele erleichtert haben mochte, zu sich selbst zu finden und die erhabenen Gedanken und Gefühle, welche die Zeremonien erzeugten, auf das Bewußtsein wirken lassen.

In der Mitte des Sakralraumes befand sich die Opfergrube, die mit Balken abgedeckt war. Um die Opferrituale, über deren Verlauf nichts nach außen drang, rankten sich Vermutungen und Gerüchte. Gegen die Schlachtung der Stiere war Zarathustra bereits eingeschritten, doch waren sie von Anfang an ein unabdingbarer Bestandteil der Mithrasmysterien. War die Kultgemeinschaft arm, wurde statt des teuren Rindes Kleinvieh geopfert.

Je weiter die Auseinandersetzung zwischen Christentum und Mithraismus fortschritt, um so heftiger wurden die gegenseitigen Angriffe. Die Christen verurteilten vor allem die blutigen Opfer. Einzelne Apologeten suchten den Abscheu gegen die Mithrasreligion durch den Verdacht, daß auch Menschen geopfert würden, zu schüren. Solche Opfer waren in der Vorzeit nichts Ungewöhnliches. Sie sollten den göttlichen Zorn abwenden oder waren Ausdruck eines besonderen Gehorsams wie die von Abraham geforderte Opferung seines Sohnes Isaak. (1. Mos. 22) Rituelle Tötungen von Kriegsgefangenen, der Ehefrauen oder des Gesindes eines Herrschers sind für nordeurasische Steppenvölker ebenso belegt wie für die Frühgeschichte Mesopotamiens. Von Opferbräuchen der Skythen berichtet Herodot ausführlich. Sie opferten von je hundert Kriegsgefangenen einen Mann, indem sie Wein über das Haupt des Opfers gossen und es über einem Gefäß schlachteten. Das Blut wurde dann über ein eisernes Schwert, das Sinnbild des Ares (= Mars) gegossen. Herodot berichtet auch von Dankopfern der Perser, bei denen Menschen lebendig begraben wurden. Während – nach Herodot – auf das Konto der Gemahlin des Xerxes der Tod von zweimal sieben Knaben kommt, berichtet er ausdrücklich, daß die Magier keine Hunde und Menschen töteten. Die Mithraspriester aber kleideten sich in die Tracht der persischen Magier, in der auch Mithras häufig dargestellt wird.

Es ist daher sehr unwahrscheinlich und durch nichts bewiesen, daß im Mithrasdienst Menschenopfer gebracht worden sein könnten. Daß die Tötung eines Menschen als eine verabscheuungswürdige Tat bei den Mithrasten galt, belegt die zeitgenössische Biographie des Kaisers Commodus (180–192), der ein Mithraseingeweihter war und durch einen Mord Ehre und Ansehen der Mithrasten besudelt haben soll. Vermaseren weist deutlich darauf hin, daß in der griechisch-römischen Welt eine Religion mit nichts leichter herabzusetzen war als mit einem solchen Verdacht, denn Menschenopfer galten als grauenhaft und unwürdig.[5]

Ja, ein Mord in einem Tempel hätte auch nach altpersischer Auffassung diesen entweiht. Was sich in den Mithräen im einzelnen abspielte, d.h. wie der Gottesdienst rituell ablief, ist nicht bekannt, wenn wir auch über eine Mithrasliturgie verfügen. Die Form der Messe wird sich nach dem aktuellen Anlaß gerichtet haben, sei es der Feiertag eines Planeten, ein Kalendertag oder eine Einweihungszeremonie. Entsprechend wird die Beleuchtung in den Mithräen durch Fackeln gehandhabt worden sein; auch waren Teile des Altarbildes bisweilen so gestaltet, daß sie beweglich waren. Der mittlere Teil des Heddernheimer Altarbildes zeigt auf der Vorderseite als Hauptmotiv die Stiertötung, während die Rückseite Mithras und Helios beim heiligen Mahl darstellt. Wurde es von den Mithrasten gefeiert, dann hat man sicher das dazu passende Altarbild gezeigt.

Dem Deutschen Albrecht Dieterich gelang es gegen Ende des vorigen Jahrhunderts, in Paris uralte Papyrustexte aufzustöbern, die sog. Pariser Zauberpapyri. Bei ihnen handelt es sich vermutlich um die einzige Aufzeichnung einer Liturgie, also eines gottesdienstlichen Textes eines orientalischen Mysterienkultes, und zwar des Mithras. Typisch für solche Weihetexte ist, daß sie nicht Dichtung eines einzelnen sind, sondern daß viele Menschen, vielleicht Generationen, an ihrer Ausbildung mitwirkten.

Wir müssen annehmen, daß durch diese Liturgie ein erwartungsvoller Myste in die Natur Mithras – Helios eingeweiht wird, da die Gebete und Verhaltensformeln darauf abzielen, den Mysten darauf vorzubereiten, wie er sich angesichts der Gottheit, die er schauen wird, zu verhalten hat. Wir dürfen nicht vergessen, daß bei diesem Initiationsritus auch der Haoma-Trunk, ersatzweise Wein, seine stimulierende Wirkung gehabt haben wird, ganz abgesehen von der Vorbereitung durch Fasten, Meditation oder intensive Innenschau, die einer Bewußtseinserweiterung dienten.

Der Text beginnt mit der Bitte an Vorsehung und Schicksal, an jene Mächte, deren Ratschluß in den Sternen steht. Sie werden im Vorspruch gebeten, einem Menschenkinde Unsterblichkeit zuteil werden zu lassen. Die eigentliche Anrufung beginnt mit dem Hinweis auf die Apotheose der Elemente, von denen das Feuer besonders herausgestellt wird, wie es die persische Religion erfordert. Der Myste ruft die Elemente an, die in ihm wirken und weben und die durch das Horoskop erkennbar werden. Hier wird auch deutlich, daß Gott selbst die Natur des Individuums geschaffen hat, indem er die Anteile der Elemente mischte.

Die Art, wie der Mensch mit seiner Entstehung aufgefaßt wird, verrät sowohl die persischen Einflüsse wie die astrologischen, die im Lehrgebäude der stoischen Philosophie entstanden sind: Der Kosmos ist ein Körper, der dem Gesetz des Determinismus unterworfen ist, weshalb es nur eine einzige wahrhafte Glückseligkeit gibt, das Leben mit der Natur des Alls in Einklang zu bringen und dem göttlichen Gesetz gehorsam zu sein. Der Mensch hat teil am lichten und dunklen, am seelenlosen und beseelten Kosmos. Das wiederum entspricht der Lehre Zarathustras, nach welcher das Reich des Lichtes und das Reich der Finsternis im Kampf miteinander liegen. Die Seele des Menschen muß von allem Bösen gereinigt sein, bis sie in das Lichtreich eingehen kann.

Wer sich mit Yoga auseinandersetzt, wird als erstes auf die Bedeutung des richtigen Atmens hingewiesen. Was eine uralte fernöstliche Weisheit zu sein scheint, wurde, so lehrt der Text, auch von den Mysten der Mithrasreligion praktiziert: Richtiges, tiefes Einatmen weitet den Geist und öffnet ihn, die Dimensionen des Göttlichen zu erkennen.

Göttlich sind die Gestirne, die auf und nieder wandeln wie die Elemente. Aber auch dem Gott der Unendlichen Zeit, Zervan-Aion, wird Verehrung gezollt. Er ist der zweigestaltige Gott, er hat Löwen- und Menschenleib. Er ist auch der eigentliche, viel beschworene Feuergott, dessen Geisteshauch die feurigen Schlösser des Himmels öffnet. Von ihm wird in der Liturgie ausführlich berichtet. Er ist es, der die Schlüssel des Himmels trägt, weil er dessen Tore öffnet. Helios soll dem allmächtigen Gott den Mysten melden. Daraus wird ersichtlich, daß es berechtigt ist, den sechsten Weihegrad, also den vorletzten, auch Helios gleichzusetzen, der über sich noch einen Mächtigeren hat. In der Hierarchie der Weihegrade ist dies der höchste Rang, der des »Vaters«. Im Himmel muß der Höhere Mithras sein, und Helios wird zum Vermittler zwischen dem Mysten und Mithras. Allein, die reinliche Scheidung Helios – Mithras ist nicht durchgehend möglich, so daß beide vielmehr auch zu einem einzigen Gott verschmelzen, was einer *unio mystica* zwischen Vater und Sohn gleichkommt.

Ist der Myste zu den Planetengöttern aufgestiegen und hat den Sonnengott beschworen, öffnet sich der Himmel und die Schicksalsgöttinnen treten hervor. Da es ihrer sieben sind, repräsentieren sie das Schicksal, das von den Planeten dem Menschen zugewiesen wird. Die sieben Himmelswächter, welche für die Drehung des Himmels sorgen, und die den Sternen des Großen Bären gleichgesetzt werden, weisen auf die Fixsternsphäre hin, an ihrer Schlangenköpfigkeit sind ägyptische Einflüsse zu erkennen. Die Schlange als ein Erdsymbol mag auf Erdbezogenheit des Schicksals hindeuten. Die Ägypter dachten sich den Großen Wagen nicht als Bären, sondern als Stier oder als Teil eines Stieres. Die sieben Herrscher am Fixsternhimmel lassen sich im Awesta nachweisen, wo sie die sieben Begleiter des höchsten Gottes sind und – ihrem persischen Herkommen entsprechend – als Begleiter von Mithras zu gelten haben.

Diese vorliegende Einweihungsliturgie deutet dem Mysten symbolisch das Bild seiner Welt. Die Basis ist die Erde mit den vier Elementen Feuer, Luft, Wasser und Erde. Von dieser steigt er empor in die Region des Äthers. Hinter der Sonne verschließen die Feuertore die Welt der Götter. Mit dem rechten Wort öffnet er die Pforte. Er tritt vor Helios, der vor ihm zum Pol hinanschreitet. In der Fixsternregion wohnen die sieben Schicksalsgöttinnen und die sieben Gerechten. Über dem Pol endlich thront der höchste Gott. Es ist das antike Weltbild, dessen Grundgedanken über den Orient nach Griechenland und von dort nach Rom gelangt sind. Die Mithrasliturgie verdeutlicht die bildhafte Vorstellung einer Seelenreise, die zur Vereinigung mit dem Göttlichen führt, dem tieferen Ziel jeder Mysterienreligion.

Was die Forscher über die orientalischen Mysterienkulte herausgefunden haben, ist eigentlich viel zu gering, um zu differenzierenden Werturteilen zu kommen. Dennoch kann man allgemein lesen, daß der Mithraismus als Soldatenreligion wohl zu ihrer primitivsten Art gehörte. Das ist zwar verständlich, jedoch grundfalsch, denn solche Aussagen lassen sich samt und sonders auf die Urteile von Kirchenmännern zurückführen, die es nicht besser wußten oder nicht wissen wollten, denen vielmehr jedes Mittel der Diffamierung recht war, den größten Widersacher auszuschalten und die Erinnerung an diese Religion aus dem Gedächtnis zu tilgen.

Meistens waren gerade die Offiziere der höheren Dienstgrade weitgereiste Leute, die durch ihre Stationierung in den verschiedenen Provinzen des Römerreiches viel gesehen und damit Vergleichsmöglichkeiten hatten. Gewiß mag die symbolische Bedeutung z. B. eines Gottes der Unendlichen Zeit so manchem Gläubigen gar nicht bekanntgegeben worden sein, sofern er vom Intellekt her den Vätern in der Gemeinde nicht die Gewähr bot, in das esoterische Wissen der höheren mithrischen Grade eindringen zu können. Wie tief die Symbolik dieser Religion ausgelotet werden konnte, mag man am Beispiel der astrologischen Zusammenhänge ermessen, über die in unserem Jahrhundert selbst Gebildete allgemein nur wenig wissen. Doch ohne astrologisches Grundwissen läßt sich jedenfalls der Sinngehalt der Mithrasreligion nicht ausdeuten.

»Blut ist ein ganz besonderer Saft«, sagt Mephisto zu Faust und trifft damit genau jenen Punkt, an dem sich Christen von Mithrasten, aber auch von anderen Bekennern heidnischer Kulte trennen. Allerdings weiß auch das Christentum von der heiligenden Kraft des »Blutes Christi«, das die Menschen entsühnt, ja im Mittelalter entwickelte sich aus dieser Anschauung der Kult des »kostbaren Blutes«, dessen Fest (am 1. Juli) seit 1849 gefeiert wird. Dennoch verübelten die Christen ihren heidnischen Religionsgegnern gerade jene Rituale, bei denen es um Blut ging. Dabei ist die Vorstellung uralt, daß es der Sitz der Seele oder des Lebens sei, was sich in überlieferten Volksbräuchen niederschlägt oder in Blutsbrüderschaft oder Blutrache gipfelt.

Nach den Vorstellungen des Mithraismus wurde das Blut des getöteten Stieres zum Weinstock, während man es in der persischen Heimat der Mithrasreligion mit dem Saft der Haoma-Pflanze zu einem Kulttrank mischte. Ja, es könnte sein, daß die Stiertötung überhaupt erst ihren eigentlichen Sinn durch das Stierblut, das vergossen wurde, erhielt.

Jedes Mithräum hatte eine Opfergrube, die durch Bretter oder Bohlen abgedeckt war. Sie lag meist unmittelbar über dem Eingang, so daß über sie hinwegschritt oder durch sie hindurch mußte, wer die sieben Treppenstufen herabgekommen war und dem Altar zustrebte. Die Sitte des Tauroboliums, wie wir die rituelle Tötung des Stiers über der Opfergrube nennen, war nicht von Anfang an Bestandteil der mithrischen Religion. Sie setzte sich erst mit dem vierten Jahrhundert durch, und zwar vermutlich im Zusammenhang mit dem Kybelekult, so daß man annehmen kann, daß sie in Kleinasien ihre Wurzel hat. Mag ursprünglich der Stier getötet und sein Blut getrunken worden sein, um dessen Lebenskraft in sich aufzunehmen, handelt es sich beim Taurobolium um das Verlangen nach Unsterblichkeit. Der Myste, der die Bluttaufe auch zur inneren Reinigung empfangen wollte, stieg in die Grube und stellte sich unter die durchlöcherten Bohlen, um das Blut auf sich herabtropfen zu lassen. Er knüpfte an diesen Akt die Hoffnung auf ein neues Leben.

Die Tatsache, daß die Sitte der Taurobolien durch Kaiser Julian, also zum Ende des Heidentums, belebt wurde und daß sie Mithrasten und Gläubige der Kybele, aber auch andere Kulte gewissermaßen im gleichen Geist vereinte, mag dafür zeugen, daß hier Traditionen gefördert wurden die man bewußt christlichen Riten entgegensetzte. Es war eine besondere Ehre, Leiter eines Tauroboliums zu sein und zugleich eine Schlüsselstellung, da eben dieser Brauch Gleichgesinnte vereinte.

Ein Augenzeuge berichtete: »Durch tausend Ritzen des Holzes rinnt der blutige Tau in die Grube. Der Geweihte bietet sein Haupt all den herabfallenden Tropfen dar, er setzt ihnen seine Kleider, seinen ganzen Körper aus, den sie besudeln. Er beugt sich rücklings, damit sie seine Wangen, seine Ohren, seine Lippen, seine Nase treffen, er benetzt seine Augen mit dem Naß, ja er schont nicht einmal seinen Gaumen, sondern fängt das schwarze Blut mit der Zunge auf und schlürft es gierig.«

Wir dürfen dieses Ritual nicht mit unseren ästhetischen Maßstäben beurteilen, ja es ist fraglich, ob der Myste sich überhaupt in nüchternem Zustand befand, wenn er diese Kulthandlung über sich ergehen ließ oder, besser gesagt, wenn es ihn danach drängte, sie vollziehen zu dürfen. Aus unserer Sicht ist es eine barbarische Sitte, ekelerregend, abstoßend und offensichtlich nicht zu vereinbaren mit jener hochstehenden Moral und jener Ethik, die der Intellekt aufbaute und die das Ergebnis der neuplatonischen Kosmologie war.

Doch durch die Vorgänge beim Taurobolium wurde nicht der Intellekt angesprochen, er mußte eher ausgeschaltet werden. Hier lebte ein atavistischer Brauch auf, ganz abgestellt auf Körperlichkeit. Es wäre sicher falsch, davon zu sprechen, daß hierbei die »niederen Instinkte« freigesetzt wurden, wenn man das Wort im heutigen Sprachgebrauch versteht, also abwertend, doch ohne Zweifel ist es richtig, wenn man damit das Physische als Basis unserer Existenz begreift. Es ist kaum möglich, daß zivilisierte Menschen des 20. Jahrhunderts sich klarmachen können, daß es einen Mysten heftig danach verlangte, sich jenem »unappetitlichen« Ritual zu unterwerfen. Und doch müssen gerade vom Taurobolium die stärksten magischen Wirkungen ausgegangen sein, möglicherweise eine Art Wundererwartung, vielleicht auch schon gemischt mit der Trotzhaltung des Nun-gerade-erst-recht, weil die Christen sich dagegen aussprachen.

Das Taurobolium ist als jene Kulthandlung in den orientalischen Mystenreligionen der Antike zu bewerten, die, in den ihr angemessenen Rahmen gestellt, zu einer heiligen

Ekstase geführt haben könnte. Sie ermöglichte eine totale Bewußtseinsumstimmung im Mysten.

Dem modernen Menschen erscheint es absonderlich, wie die vier Elemente Feuer, Erde, Luft und Wasser sowie die zwölf Tierkreiszeichen Gegenstand einer religiösen Verehrung werden konnten. Es ist richtig, den altiranischen Mithrasglauben als Naturreligion anzusehen, weshalb man davon ausgehen kann, daß mit dem verehrungswürdigen Feuer zunächst tatsächlich die Flammen des Herdfeuers gemeint waren. Da dieses unerhört wichtig war, mag man diese Verehrung als irgendwie praktisch oder nützlich begreifen.

Dies entspricht allerdings nicht dem magischen Denken, das nach Zusammenhängen suchte und sie in einem Bereich fand, der mit Feuer an sich logisch nicht zu verknüpfen ist. Es ist die Flamme des Geistes, die im Menschen lodert und die inneren Kräfte seines Ichs antreibt. Was man als Wesenseigentümlichkeiten der vier Elemente erkannte, wurde in menschlichen Bezügen gedacht. Die Luftbewegung der Winde entsprach dem Gedankenflug, die materiell greifbare Erde manifestierte sich im Körper, der nach dem Tode des Individuums zu Erde zerfiel, und das lebensspendende, reinigende Wasser hatte Bezug zum weiten Feld der menschlichen Gefühle. Es ist nicht anzunehmen, daß dieses tiefgründige Verständnis der Elemente geistiges Allgemeingut war. Eher mag man es als »Priesterwissen« zu jenen Tatsachen rechnen, die Bestandteil der Einweihung waren.

Unbedingt trifft dies auch auf das Wissen von den Sternen zu, das sich bei den Babyloniern ausgebildet hatte. In frühester Zeit entsprach es, wie bereits dargelegt, durch intuitives, magisches Schauen einem Weltverständnis, das davon ausging, daß die Vorgänge am Himmel wie die auf der Erde sich nach gleichen Gesetzen vollziehen. Später sah man dieses Wissen durch Beobachtungen bestätigt, die sich über Jahrhunderte hinzogen. Um die Zeitenwende, als die

Mithrasreligion sich in Italien ausbreitete, war die Astrologie durch griechische Einflüsse längst zu einem festumrissenen operativen System geworden. Das Fundament bildeten gewissermaßen die vier Elemente.

Die Mysterienkulte der Antike vermittelten durch die verschiedenen Grade der Einweihung geheime Erkenntnisse. In der Regel bewirkten die kultischen Handlungen, in die der Myste einbezogen war, daß im Rauschzustand bestimmte Glaubenserfahrungen gemacht werden konnten. Eine Betrachtung des Sachverhalts mit dem Abstand von fast zwei Jahrtausenden läßt uns sowohl von den übersteigerten Orgien unangenehm berührt sein wie von den blutigen Tötungen. Gerechterweise müssen wir aber sagen, daß ein derartiges Ausufern gegen das Ende der Heidenzeit zunehmend eingedämmt wurde. Im Falle des Mithraismus wird deutlich, daß das intellektuelle Begreifen der Zusammenhänge, die das astrologische System aufzeigte, es möglich machte, Glaubenserfahrungen durch die Vernunft zu überhöhen, wodurch die barbarischen Rituale auf symbolische Handlungen reduziert werden konnten.

Es ist die eigentliche kulturschöpferische Leistung der Astrologie, daß es ihr gelang, Zeitsymbolik und mythische Bildersprache in einem mathematischen Beziehungssystem unterzubringen, das dem Menschen half, seine schicksalhafte Bedingtheit zu studieren und anhand des astrologischen Meßbildes, des Horoskopschemas, einen Zugang zu den Kräften, Bewegungen und Gesetzen des Seelenlebens zu finden. In diesem Sinne hat die Astrologie sehr viel mit Religion zu tun.

Offensichtlich hatte man im Altertum ein feineres Gespür dafür, was einem Menschen an Wissen zugemutet werden konnte oder was seiner geistigen Fassungskraft angemessen war. Man wußte aber auch um die Gefahren, die das Mißverstehen von Glaubenswahrheiten für den einzelnen wie für die ganze Lehre bedeutete. Deswegen waren die geistigen

Väter in den Mysterien streng darauf bedacht, Glaubensinhalte nicht zu profanieren und den Gläubigen nur eine schrittweise Einweihung zuteil werden zu lassen. Es liegt im Zuge unserer Zeit, daß wir für Geheimhaltungen solcher Art keinen rechten Sinn mehr haben. Die Demokratisierung unseres Lebens ist so weit fortgeschritten, daß der Wunsch besteht, sich auch in geistig-religiösen Bezirken ein eigenes Urteil bilden zu können. Daß man darüber geteilter Meinung sein kann, mag man an dem in einigen Ländern anzutreffenden Sektenwesen erkennen, das eine Antwort auf den Verlust der Individualität sein könnte.

In der Antike gab es eine ganze Reihe Kulte, die das heilige Wissen den Mysten nur Schritt für Schritt preisgaben. Er hatte sich ständig aufs Neue zu bewähren und mußte wie z. B. beim Mithraskult, durch Mutproben und bestimmte Verhaltensübungen beweisen, daß er würdig war, nach und nach die religiösen Geheimnisse zu erfahren. Der individuelle Reifegrad, der sich nach den intellektuellen Fähigkeiten und sittlich-moralischen Voraussetzungen richtete, war ausschlaggebend für die Zulassung zu bestimmten religiösen Weihehandlungen. Auch die christliche Kirche der Frühzeit kannte ein ähnliches Prinzip. Wer sich als Katechumene um die Zulassung zur Taufe bewarb, durfte an der Messe nur bis zur Schriftverlesung teilnehmen. Zum Meßopfer hatte er noch keinen Zugang.

Die Einstufung der Gläubigen in verschiedene Gruppen, entsprechend ihrer geprüften Reife und Einsicht in die religiösen Wahrheiten, erfolgte vielleicht auch aus der Überlegung, daß Aussichten auf »Beförderung« den Glaubenseifer steigerten. Gewiß mag das jedem einzelnen in Aussicht gestellte Aufsteigen anspornend gewirkt haben, doch gab es auch praktische Gründe: Wer sich einer Kultgemeinde angeschlossen hatte, war von dem Bewußtsein erfüllt, einer Elite, also Auserwählten, anzugehören. Wer den Weg in eine Bruderschaft suchte, um in dieser irdischen Geborgenheit zu finden, und darüber unterrichtet zu werden, wie er dereinst vom Tode zum Ewigen Leben gelangen könnte, schätzte den Wert der Zugehörigkeit um so höher ein, je exklusiver die Gemeinde war. War ein Kult durch die Behörden verboten, dann hatte die Geheimhaltung und eine nur stufenweise Einweihung auch handfeste praktische Gründe. Dies mag für den Mithraskult solange gegolten haben, bis er sich der Duldung erfreute.

Es ist kein Zufall, daß die Einweihung in die Mithrasmysterien auf einem siebenstufigen Weg erfolgte, denn die antike Astrologie kannte gemäß dem antiken Weltbild sieben Planeten, nämlich Sonne, Mond und die fünf Wandelsterne Merkur, Venus, Mars, Jupiter und Saturn – mit der Erde als Mittelpunkt.

Wer den drei mithrischen Einweihungsgraden angehörte, durfte an den eigentlichen Mysterien noch nicht teilnehmen. Dies war den oberen vier Graden vorbehalten. Erst wenn der einzelne bewiesen hatte, daß er fähig und würdig war, den Sinn der Stiertötung durch Mithras nicht nur zu verstehen, sondern dieses Opfer in sich zu verwirklichen, wurde ihm der Weg zur Erkenntnis geöffnet.

Das östliche Weltverständnis und die Mithrasreligion, aus dem Orient kommend, beruhten vor allem auf innerseelischer Erfahrung. Nur wer »es« in sich wachsen und reifen läßt, findet zu einer gefestigten Lebensganzheit, kann sich zu einem Menschen entwickeln, der einer Erlösung durch seinen Gott würdig ist. Der eigene Beitrag des Mysten liegt demnach zunächst weniger im verstandesmäßigen Begreifen, z. B. der Symbolik, als vielmehr in der Bereitschaft, sich voller Vertrauen dem Gott hinzugeben und das ihm Auferlegte anzunehmen. Damit die religiösen Richtkräfte unbewußt wirken können, ist es nötig, innerlich ein anderer Mensch zu werden. Wer auf rituelle Art den Schritt in ein neues Lebensstadium vollzieht, muß die Schranken seines Ichs durchbrechen, muß Entsagung auf sich nehmen, was bis zur Änderung seiner sozialen Rolle gehen kann. Erst dadurch wird es möglich, als »ein anderer« eine reale Wiedergeburt zu erleben, weil das Bewußtsein sich gewandelt hat.

Die mithrischen Mysten trugen bei gewissen Anlässen Masken, die sie schon rein äußerlich als einem bestimmten Weihegrad zugehörig erscheinen ließen. Diese »heilige Maskerade« wurde von den zeitgenössischen christlichen Schriftstellern weitgehend lächerlich gemacht. Was sollte man auch von einem Menschen halten, der sich als Rabe oder Löwe verkleidete? Gewiß kann man nicht alle mithrische Symbolik allein auf den Tierkreis zurückführen. Bei der Darstellung der Weihegrade wird dies im einzelnen zu untersuchen sein. Da der Mithraismus uralt ist, dürfte Cumonts Hinweis berechtigt sein, daß tierische Verkleidungen in Zusammenhang mit dem Totemismus zu sehen sind. Dies wäre ein Überbleibsel primitiver Gebräuche, deren Spuren sich in vielen Kulten finden. In der Vorzeit dachte man sich Gottheiten häufig in tierischer Gestalt, und der Gläubige suchte sich mit ihnen zu identifizieren, indem er auch äußerlich deren Gestalt annahm. Solche animistischen Erklärungen sind kein Widerspruch zur Herleitung einer »Maskerade«, denn der Löwe des Tierkreises wird nach astrologischer Auffassung von der Sonne beherrscht und entspricht dieser. Der Rabe dagegen ist dem Merkur zugeordnet, so daß ein »Löwe« danach strebte, sonnenhaft zu werden, der »Rabe« aber merkurische Qualitäten in sich aufnehmen und ausleben wollte.

Corax – der Rabe

»Heil den Raben, die unter dem Schutze Merkurs stehen!« – so heißt es auf den Fresken des Mithräums unter Santa Prisca in Rom, und das Mosaik von Ostia führt unter den Symbolen der sieben Weihegrade die Attribute des ersten auf: Rabe, Becher und Merkurstab *(caduceus)*.

In den Mithraskult muß der Rabe schon sehr früh Eingang gefunden haben, denn bereits in ältester Zeit galt er den Persern als heiliger Vogel der Sonne und des Lichts. Selten fehlt er auf mithrischen Altarbildern, wo er meistens zwischen Sol und Mithras dargestellt wird. Seine Vermittlerfunktion ist offensichtlich: Er überbringt Mithras den Auftrag des Sonnengottes, den Stier zu töten. Es lag daher nahe, die Rabe-Eingeweihten dem Schutze Merkurs, des Götterboten, zu unterstellen. Bekanntlich wird er mit Flügeln auf dem Haupt und mit dem nach ihm benannten Hermesstab abgebildet. Dieser Caduceus soll ursprünglich kein »Schlangenstab« gewesen sein, sondern ein mit Bändern geschmückter Ölzweig. Auf alle Fälle wird ihm Zauberkraft zugeschrieben. Er schützt seinen Träger vor höllischem Wesen und bewahrt ihn vor den Schrecknissen der Unterwelt. Hermes – Merkur gilt als Psychopompos, als Seelenführer. Verhilft er den Kindern zum Leben und bringt sie ans Licht, so schließt er andererseits mit seinem Zauberstab die Augen derer, die er zum Hades gleitet.

Die meisten Darstellungen lassen den Caduceus deutlich als Schlangenstab erkennen. Nach einer lateinischen Fabel habe der Gott einst mit dem Stabe zwei Schlangen getrennt, die miteinander kämpften, weshalb der Caduceus auch als Symbol des Friedens gilt. Friedenstiften aber heißt vermitteln. Damit ist ein Hauptwesenszug Merkurs angesprochen. Die Schlangen, die sich zumeist mehrmals um den Stab winden, sind ein uraltes Tierkreissymbol. Bereits babylonische Rollsiegel stellten die Doppelschlange dar. Für den Becher oder Krug als Attribut des ersten Grades gibt es zwei Erklärungen: Geht man davon aus, daß die »Raben« bei den mithrischen Messen die Funktion von Dienern hatten, so konnte ihnen die Aufgabe zugefallen sein, für den Wein als den geheiligten Rauschtrank zu sorgen.

Es ist aber auch vorstellbar, daß es sich bei dem Krug um eine Amphore handelt, wie sie als Signum des Tierkreiszeichens Wassermann bekannt ist. Es ist dem Luftelement zugewiesen. Diese Amphore enthält »Lebenswasser« und hat damit eine überirdische Qualität.

Aus den Attributen des Rabe-Einweihungsgrades läßt sich dessen Funktion im Mithrasdienst herleiten. Wer durch die »Corvina«, so der Name der ersten Einweihungszeremonie, feierlich zum mithrischen Raben wurde, durfte sich als Angehöriger der Bruderschaft fühlen. Noch mag ihm der tiefe Inhalt des Kultes ebenso unbekannt sein wie dessen Symbole. Mindestens aber war ein »Rabe« soweit orientiert, daß er für die Religionsgemeinschaft als Werber auftreten konnte. Er war sich bewußt, ausgewählt und berufen zu sein, ihm war aufgegeben, sich im Leben wie im mithrischen Dienst zu bewähren, die religiösen Vorschriften zu beachten und sich für die Glaubenslehre aufzuschließen. Es ist zu vermuten, daß die Zuordnung der sieben Einweihungsstufen zu den sieben Planeten später erfolgt ist, wenn man sie unter dem Aspekt der Entwicklung sieht. Die Verbreitung astrologischer Gedanken in der Spätantike wird eine stärkere Durchgliederung der Mithrasten im Sinne der siebenteiligen Stufung erfodert haben.

Ob wir von antiken Göttern oder planetaren Prinzipien sprechen, wir erfassen damit menschliche Bestrebungen, Verhaltensweisen oder Eigenschaften, die uns Hinweise auf die Grundlagen unseres Seins geben. Für »Merkur« gibt es eine Reihe von Ensprechungen. In erster Linie ist er ein Intelligenzsymbol. Dies meint, daß es der »Merkur in uns« ist, der uns Informationen sammeln läßt, das Unbewußte ins Bewußtsein hebt, der vor allem aber Vermittlerfunktionen ausübt. Damit ist Merkur auch das Bindeglied zwischen Menschen und Göttern. Den unter dem Schutz Merkurs stehenden Eingeweihten war als Gläubigen aufgegeben, von sich aus danach zu streben, mehr vom Göttlichen zu erfahren.

Die Riten der Einweihung weckten Emotionen und mobilisierten mit ihrer Hilfe das Unbewußte. Wer als »Rabe« am

Beginn des mithrischen Erkenntnisweges stand, sollte über das Erlebte nachdenken und daraus Lehren für die Alltagsbewältigung ziehen. »Rabe« zu sein, hieß für würdig und für fähig gehalten zu werden, über die sinnlichen Eindrücke hinaus zum »Wissen« zu gelangen. Mithrisches Wissen war das gedankliche Überzeugtsein von der Wahrheit des Mythos. Welche Art die *corvina,* die Einweihungszeremonie selbst war, ist unbekannt, doch wurde sie »Sakrament« genannt. So hieß im römischen Heer der Fahneneid. Wie der Rekrut schwor, gelobte der mithrische Novize vor allem Verschwiegenheit, was Lehren und Riten anging. Noch in spätrömischer Zeit hatte der heilige Eid absolute Geltung, weswegen wir über den Inhalt der mithrischen Lehre nur sehr wenig wissen.

Porphyrius hat berichtet, daß die drei unteren Grade nicht an den eigentlichen Mysterien teilnehmen durften. Da zu den niederen Weihen sogar Kinder zugelassen werden konnten, waren die »Raben« auch nur allgemeine Teilnehmer oder Diener. Dennoch wird ihre Initiation sich feierlich vollzogen haben. Der auf dem Mosaik von Ostia abgebildete Becher oder Krug könnte also auch ein Kultgegenstand sein, der bei der Taufe verwendet wurde. Es ist nicht bekannt, wie lange ein Mithrast »Rabe« sein mußte, bevor er eine höhere Weihe erhielt. Den Zeitpunkt bestimmten die Väter, also die höchsten Eingeweihten der Gemeinde. Rein äußerlich hatte sich ein »Rabe« bei bestimmten Zeremonien die Maske eines Rabenkopfes aufzustülpen und trug möglicherweise sogar eine Art Flügelkleid. Über diesen »Mummenschanz« gab ein christlicher Eiferer den vermutlich übertriebenen Bericht: »Die einen schlagen mit den Flügeln wie die Vögel und ahmen die Stimme des Raben nach, die anderen brüllen wie die Löwen; da sieht man, wie die, welche sich Weise nennen, schimpflich zu Narren geworden sind.« Aus dem Text der Mithrasliturgie wissen wir, daß bestimmte kultische Worte laut intoniert wurden. Was der

Pseudo-Augustinus als Tierstimmennachahmung schildert, könnte auch in dieser Richtung gedeutet werden. Daß sich die Einweihungs- und Taufzeremonien der Mithrasten in der Osterzeit mit denen der Christen überschnitten, konnte die Gegensätze beider Glaubensrichtungen nur vertiefen.

Nymphus – der Verlobte

Das Mosaik von Ostia, das die Embleme der sieben Weihegrade aufführt, ist beim zweiten Emblem beschädigt. Man erkennt eine Lampe, ein Diadem, und beim dritten Gegenstand könnte es sich um eine Fackel handeln. Ein Hinweis auf Venus als Regentin des zweiten Weihegrades, ergibt sich aus der Überschrift der Fresken von Santa Prisca, die entweder Aphrodite oder den Nymphus darstellen, angetan mit einem Brautschleier.

Wir kennen Nymphen vornehmlich als Wassergottheiten, die an Quellen wohnen. Meistens sind sie das Gefolge von Artemis, der Schwester des Apoll. Wie Artemis spenden die Nymphen Fruchtbarkeit und damit neues Leben.

Warum der zweite Einweihungsgrad »nymphus« genannt wurde, ist unbekannt. Es fällt auf, daß die sieben Weihegrade zwar den Planetengöttern unterstellt sind, jedoch nicht wie diese heißen. Vielmehr tragen sie Bezeichnungen, die in einem inneren Zusammenhang mit dem jeweiligen Gott und dem durch ihn ausgedrückten planetarischen Prinzip stehen.

Nymphen haben manches mit Venus gemeinsam. Nicht umsonst nennt man Nymphomanie den abnorm gesteigerten Geschlechtstrieb der Frau. Nun ist ein »Nymphus« als männliche Braut vorzustellen, d.h. als Verlobter von Mithras. Falsch wäre sicherlich, aus der Tatsache einer männlichen Nymphe etwa homosexuelle Bezüge dieses Weihegrades herauslesen zu wollen. Dafür spricht absolut nichts, und außerdem hatten die Mithrasten sich zu einem keuschen Leben zu verpflichten. Die Bindung des Mysten an Mithras schloß eine bürgerliche Heirat nicht aus. Einer Religion, die

Mut höher bewertet als Demut, kann es auch nicht auf Anmut angekommen sein. Daher müssen wir wesentliche Attribute von Venus ausklammern. Mithras will von seinen Gläubigen nicht geliebt werden, und es ist mehr Kameradschaft und Brüderlichkeit, welche die Gemeindemitglieder verbinden. Aber das Venusprinzip kann im planetaren Reigen nicht übergangen werden, denn es ist ein Grundstreben der menschlichen Natur.

Bei der Einweihung eines Nymphus hatte dieser seine Treue gegenüber Mithras durch einen Handschlag zu bekräftigen. Mit einem Brautschleier und einem Diadem geschmückt, wurde er in die Gemeinde mit seinem neuen Grad eingeführt.

Nymphen wurden häufig in Grotten verehrt, in denen eine Quelle sprudelte. Sofern die lokalen Gegebenheiten es zuließen, bevorzugten die Mithrasten ähnliche Felshöhlen. Die Anwesenheit von Wasser läßt ferner den Schluß zu, daß der Einweihungszeremonie eines Nymphen eine rituelle Waschung vorausging. Sollte das Mosaikfragment von Ostia tatsächlich eine Hochzeitsfackel zeigen, kann dies auf eine festliche Beleuchtung des Mithräums bei der Vorstellung des Nymphen hindeuten oder sich auf das Licht der Erkenntnis beziehen, nach dem der Myste, nunmehr auf einer höheren Stufe als zuvor, streben soll. Wahrscheinlich erfolgte die Einweihung nicht stumm, sondern wurde durch Hymnen oder liturgische Gesänge begleitet.

Vielleicht hatte der Nymphus auch ein Hochzeitslied anzustimmen, was man nicht nur aus einer allerdings umstrittenen Textzeile bei Firmicus Maternus vermuten darf, sondern auch aus dem Umstand ableiten kann, daß Venus zuständig für Gesang und Musik ist. Das planetarische Prinzip von Venus läßt die Menschen Harmonie suchen. Am weitesten geht dieses Verlangen in der Liebe. Der Mystiker bedarf des milden Venuseinflusses, der in ihm Sehnsucht weckt, eins zu werden mit seinem Gott. Wenn das Denken,

Merkur, ausgeschaltet ist, regiert Venus durch das Gefühl. Unter dem planetarischen Prinzip der Venus erfassen wir auch das Zusammenleben im sozialen Verband. Dazu aber zählen auch Kultgemeinden wie die mithrischen, weswegen der Nymphus gewiß in diese integriert gewesen ist, auch wenn er nur gleich dem »Raben« und dem »Kämpfer« zu den unteren Weihegraden zählte.

Miles – der Soldat

Man kann die Bezeichnung miles für den dritten Weihegrad sinngemäß mit Soldat oder Streiter übersetzen, es kommt nur darauf an, in den Trägern Soldaten, also Glaubensstreiter des Mithras zu sehen, für den es in mehrerer Hinsicht würdig und gerüstet zu sein galt. Da die Haupttugend des Soldaten Gehorsam, Treue und Mut sind, konnte nur jener die Weihe eines miles erhalten, der diese Eigenschaft bisher in seiner Haltung für den Glauben an den Tag gelegt hatte. Im Hinblick darauf waren die beiden vorhergehenden Grade des Raben und des Verlobten Stufen der Bewährung. War der Rabe der Diener bei kultischen Veranstaltungen, dem möglicherweise der Zutritt ins Innere des Mithräums sogar verwehrt war und der nach außen mehr eine Mittlerfunktion einnahm, der auch nur das nötigste Wissen um Mithras besaß, wird der Verlobte zwar im Wissensstand nicht erfahrener, jedoch durch seinen Handschlag dem Gott enger verbunden, eben angelobt gewesen sein. Der Kämpfer aber hatte aktiv zu werden. Seine Stellung erreicht zu haben, verlangte Verzicht auf äußere Ehren.

Es war ein wesentlicher Teil des Einweihungszeremoniells, daß in einer feierlichen Handlung der »Vater« mit einem Schwert dem künftigen Streiter einen Lorbeerkranz darbot. Bekanntlich war es im Altertum üblich, Feldherrn, Sieger oder Sportler mit Lorbeer zu krönen. Diese Pflanze spielte bei Wahrsagungen eine Rolle, wurde aber wegen ihrer Kraft, eine Schuld zu sühnen, auch als reinigend von

Sünden angesehen. Der Lorbeerkranz galt in der Antike dem Soldaten soviel, wie Orden oder Verdienstkreuz es für die Militärs der Gegenwart tun. Der Mithrast, der vor dem Vater das Knie gebeugt hatte, schob den Ehrenkranz zurück und sprach die Worte: »Mithras allein ist mein Kranz; mein Kranz gehört allein meinem Gott.«[6]

Wer als Soldat des Mithras geweiht war, verpflichtete sich durch das Zurückweisen des Ehrenkranzes, künftig diese militärische Auszeichnung nicht mehr anzunehmen, da diese Ehre nunmehr allein seinem Gott gebührte.

Als Julian der Apostat noch nicht Kaiser war und Constantius als Cäsar ihn nach Gallien geschickt hatte, bekam er Gelegenheit, als Mithrast zu handeln. Der Kaiser hatte ihm den Befehl erteilt, seine besten Truppen, mit denen er gesiegt und das Land befriedet hatte, ihm zu überstellen. Das hätte Julian der Gewalt des Kaisers, der auf seine Erfolge neidisch war und ihn zu fürchten begann, ausgeliefert. Die Soldaten, die eigens für die Kämpfe in Gallien angeworben worden waren, wollten Julian ebenfalls nicht verlassen. So kam es, daß sie ihn zum Augustus, d.h. zum Kaiser ausriefen. Die Soldaten hoben ihn auf einen Schild und trugen ihn durchs Lager. Es war das erstemal, daß ein römischer Feldherr auf diese Art von seinen Legionären gefeiert wurde. Doch war es nicht das rechte Ritual. Dieses erforderte vielmehr, daß er sich mit einem Diadem schmücke. Dieser kaiserliche Kopfschmuck aber war nicht vorhanden. Da forderten die Soldaten Julian auf, sich das Diadem seiner Gattin aufzusetzen. Dies lehnte er ab. Auch eine Halskette wollte er nicht anlegen. Es widerstrebte Julian, weiblichen Schmuck als Krone zu tragen, er mochte aber auch nicht das Versprechen, das er Mithras gegeben hatte, brechen. Die Soldaten jedoch beharrten auf dem vollständigen Ritual, da sonst die Wahl zum Augustus ungültig sei. Ein Soldat löste die Metallkette, mit der sein Pferd geschmückt war, und legte sie Julian ums Haupt. So wurde dieser Kaiser.

Der Apostel Paulus verwendet mehrmals den Begriff des Ehrenkranzes, so im Brief an die Philipper (4,1), wenn er schreibt, daß seine Freude und seine Krone fest im Herrn steht, oder im Brief an die Thessalonicher (2.19), wenn er Jesus mit der Hoffnung, der Freude oder dem Ruhmeskranz gleichsetzt. Paulus war in Tarsus aufgewachsen, einer Stadt in Kilikien, aus dem die Seeräuber den Mithrasglauben nach Rom gebracht hatten. Paulus mußte um die kultische Bedeutung des Ehrenkranzes aus seiner Jugend wissen, so daß er bei verschiedenen Anlässen auf dieses Symbol zu sprechen kam.

Da es sehr ungewöhnlich war, wenn ein Soldat auf die ihm zustehende Auszeichnung für eine tapfere Tat verzichtet, wird es sich rasch herumgesprochen haben, wer durch seinen Schwur auf Mithras so handelte.

Mit der Einweihung war eine Taufe verbunden, die wahrscheinlich etwas mit dem Element Erde zu tun hatte, weshalb man von einer Erdtaufe spricht. Selbstverständlich gab es wieder einen besonderen Eid auf Mithras, den Vermaseren auf einem alten Papyrus fand, der in Florenz aufbewahrt wird: »Im Namen des Gottes, der die Erde vom Himmel geschieden hat, das Licht von der Finsternis, den Tag von der Nacht, die Welt vom Chaos, das Leben vom Tod und das Werden vom Vergehen, schwöre ich nach bestem Wissen und Gewissen, die Mysterien geheim zu halten, die mir anvertraut werden durch unseren gottesfürchtigen Vater Serapion und durch den ehrwürdigen und heiligen Herold Ka(merion?), denen die Weihen obliegen, und durch meine miteingeweihten und sehr teuren Brüder. Treu meinem Eid hoffe ich, daß es mir wohlergehe; aber ich schwöre auch, daß mich Strafe treffen möge, wenn ich zum Verräter werde.«[7]

Über die Mutproben ist wenig bekannt. Sie richteten sich nach den örtlichen Gegebenheiten und waren in jedem Fall mit Gefahren verbunden; auch mußten Gefühle wie Ekel oder Widerwillen überwunden werden. Vermaseren weiß von einem Fall, bei dem einem Prüfling die Hände mit Hühnerdärmen zusammengebunden wurden und der dann in eine mit Wasser gefüllte Grube gestürzt wurde. Dort mußte er ausharren, bis ihm ein Befreier die Fesseln mit dem Schwert durchtrennte.

Der Weihegrad des Kämpfers stand unter der Vorherrschaft des Planeten Mars, des Symbolsterns für Krieg und Gewalt. Während man ihn damals als das »kleine Unglück« ansah, gilt er den Astrologen der Gegenwart als Symbol für die aufbauende oder zerstörende Energie. Lanze, Helm und Soldatensack sind die überlieferten Attribute des militärischen Kämpfers. Der Eingeweihte wußte, daß diese nur äußerliche Zeichen waren, daß der Soldatensack keine Gegenstände des persönlichen Bedarfs enthielt, sondern das ganze Gewicht der Verantwortung, das ein Glaubenskämpfer für seinen Gott und seine Kameraden übernahm. Dadurch unterscheidet sich auch der Grad des Glaubenskämpfers von den beiden untergeordneten. Noch ist der Kämpfer aber ein vergleichsweise einfacher Soldat seines Gottes, denn erst mit dem »Löwen« beginnen die »Offiziersränge«. Beim feierlichen Umgang hatte denn auch der Kämpfer die Schleppe des roten Mantels des »Löwen« zu tragen, der sein direkter Vorgesetzter in der Hierarchie der Ränge war.

Leo – der Löwe

Von den sieben mithrischen Weihegraden sind zwei mit Tiernamen bezeichnet, der erste, der Rabe, und der fünfte, der Löwe. Bei kultischen Prozessionen trugen die Mithrasten eine Verkleidung, d.h. mindestens Masken, die den Tierköpfen entsprachen.

Es ist anzunehmen, daß diese beiden Stufen ursprünglich die beiden einzigen Weihegrade gewesen sind. Erst im Laufe der Zeit erfolgte eine weitere Differenzierung des Anfangsgrades in drei Stufen und des höheren Grades in vier. Die

Raben umfaßten ursprünglich jenen Teil der Mithrasten, die nur geringe Kenntnisse hatten und die in die Mysterien nicht eingeweiht waren, während die Löwen an allen Riten beteiligt waren, deren tiefer Sinn ihnen auch bekannt war. In der Siebenerreihe kommt dem vierten Grad die Mittlerrolle zu. Wie der 16. Tag als die Mitte des Monats Mithras geheiligt war, müssen wir dies auch für den mittleren Weihegrad annehmen. Er heißt nicht ohne Grund Löwe, denn der Löwe steht als Sonnentier stellvertretend für Sol – Mithras. Ursprünglich muß daher auch der vierte Weihegrad der Sonne als seiner obersten Beschützerin zugeordnet gewesen sein. Erst später, als die Durchstufung gemäß der Planetenreihe vollzogen wurde und der Grad des Löwen nicht mehr der oberste war, konnte die Sonne auch nicht mehr für diesen Weihegrad zuständig sein, da sie ja Anspruch auf den höchsten hat. Ihr wurde daher der sechste zugewiesen, was sich in dem Namen Heliodromus, also Sonnenläufer, ausdrückt, der nur noch den des Vaters über sich hat.

Anstelle der Sonne übernahm Jupiter die Regentschaft. Die drei Embleme des Löwengrades sind das Sistrum, die Rassel, die auch im Isiskult verwendet wurde und mit deren Hilfe man bei Prozessionen besonders in den unterirdischen Räumen einen beträchtlichen Lärm verursacht haben wird, dann zweitens das eindeutig auf Jupiter weisende Blitzbündel. Eine Feuerschaufel ist das dritte Attribut. Tatsächlich hat man solche in verschiedenen Mithräen, z. B. in Heddernheim, auch gefunden. Dem Löwen unterstand als Element das Feuer, und die Mithrasten dieses Grades waren dafür zuständig, daß es auf den Feueraltären im Heiligtum nie erlosch. Gewiß spielte auch bei der Einweihung eines Löwen das Feuer eine große Rolle. Wahrscheinlich war es auch wie bem Weihegrad des Soldaten mit einer Mutprobe verbunden.

Der Taufakt der »Löwen« wurde nicht mit Wasser vollzogen, vielmehr wurde ihm Honig über die Hände gegossen.

Eine Waschung mit Wasser würde das Element Feuer entweiht haben. Honig aber ist nicht nur ein Produkt der Pflanzen, sondern materialisierte Sonnenenergie. Mit »Sonnenfeuer« wurden also die Hände gereinigt und damit die Sünden des Mysten abgewaschen. Zugleich mahnte dieser symbolische Akt, mit den nunmehr geweihten Händen nur noch Taten zu verrichten, die des Sonnenfeuers würdig wären. Auch die Zunge des »Löwen« wurde mit Honig benetzt, damit er nur reine Worte spräche.

Rekruten, die auf den Kaiser schworen, wurden vielfach durch ein Brandmal gezeichnet. Tertullian berichtet, daß »Mithras seinen Soldaten sein Siegel auf die Stirn drückt«. Damit waren sie auch außerhalb ihrer Gemeinde als Mithrasten zu erkennen. Die kommandierenden Offiziere räumten einem Mithrasverehrer offensichtlich besondere Vergünstigungen ein, denn in der Zeit, als auch Christen im Heer dienten, fordert Tertullian unter Hinweis auf diese Tatsache für sie die gleichen Rechte. Durch die gewiß schmerzhafte Prozedur erstarkte das Selbstbewußtsein der Mithrasten, so daß Tertullian sie mit Recht einer christlichen Konfirmation vergleicht. Diente das Einbrennen eines Signums in das Fleisch bei einem Sklaven dazu, ihn als Eigentum seines Herrn auszuweisen, hatte der ebenso sehr reale Akt bei dem Mithrasten doch auch weitere symbolische Bedeutung: Mochte er die Läuterung durch den Honig vergessen, das Brandmal würde ihn stärker daran erinnern, nunmehr der Sonne und Jupiter verpflichtet zu sein und nur Mithras als seinen Herrn über sich zu wissen.

In der Zuweisung des vierten Weihegrades an Jupiter darf man eine Art Assimilationsprozeß sehen, denn Jupiter war der Himmelsgott, der alles sieht, der Recht und Treue schützt und der in feierlichem Schwur angerufen wurde. Der Eid beim Jupiter Lapis, also beim steinernen Gott, galt als der bindendste. Als Jupiter Lucetius war er ursprünglich ein italischer Lichtgott, ein Lichtbringer wie Mithras, der schon von seiner Funktion her diesem am meisten ähnelte.

Perses – der Perser

Der dem Löwen übergeordnete Weihegrad führt die ungewöhnliche Bezeichnung »Perser«. Für diese Bezeichnung des fünften Weihegrades kann keine Begründung angeführt werden, außer der persischen Herkunft des Kultes. Da bekannt ist, daß die Mithrasten darauf allzeit stolz waren, wollten sie vielleicht einen Weihegrad, der über dem Löwen lag, dadurch besonders auszeichnen. Die drei Symbole dieser Rangstufe sind ein Mond mit Stern sowie eine Sense und eine Sichel. Dadurch ist eindeutig belegt, daß der Grad des Persers unter dem Schutz des Mondes stand. Auf größeren mithrischen Altarbildern ist häufig neben Helios auch Luna abgebildet. Sonne und Mond als Tages- und Nachtgestirn teilen sich die Herrschaft des Tages und gelten in der Astrologie als die beiden »Lichter«. Auch die Erntewerkzeuge Sense und Sichel weisen auf den Mond, Symbol des Weiblichen, des Wachsens und der Fruchtbarkeit. Als der schnellste Wandler am Himmel verändert der Mond schon in kurzer Zeit Positionen und Lichtgestalten. 13 Tage wächst die Sichel bis zur vollen Scheibe, nimmt dann 13 Tage ab und ist drei Tage unsichtbar, die Zeit der kosmischen Brautnacht. Neumond und Vollmond hatten stets einen tiefen mythischen Sinn und regten zum Feiern an. Als natürliche Phasen-Höhepunkte standen sie in Bezug zum Rhythmus des Menschenlebens. Vielfach wurde der Mond weiblich gedacht und galt als Frau oder Schwester der männlichen Sonne. Selene z.B. war die Schwester des Lichtgotts Apollo.

Wenn der »Perser« dem Mond untersteht, woran kein Zweifel ist, muß er Bezug zum Element des Wassers haben. Rituelle Waschungen der Mysten dieses Grades wurden jedoch nicht mit Wasser, sondern wie bei den Löwen mit Honig vorgenommen. Geschah dies beim »Löwen«, um das

Element Feuer nicht durch Wasser zu entweihen, dann erklärte Porphyrios: »Wenn sie dem Perser Honig zuerkennen, tun sie dies in seiner Eigenschaft als Erhalter der Früchte; der Honig ist hier das Symbol für das konservierende Element.« Auf dem Mond wird der Samen des von Mithras getöteten Stieres gereinigt. Wie der Honig nach Meinung der Perser vom Mond stammt, so würde der Samen des Stieres von dort zur Erde gelangen und neue Pflanzen und Früchte hervorbringen und auch das Getreide, das mit Sense und Sichel, den Perser-Symbolen, geerntet wird. Für die Religion hatte es die Bedeutung, im Mond das Symbol aller Wandlung und Veränderung zu sehen, ein Gleichnis des irdischen Lebens.

Es entsprach dem Weltverständnis der Antike, das Oben mit dem Unten, das Außen mit dem Innen in Zusammenhang zu sehen. Der Kirchenvater Origenes, der zwischen 184 und 254, also in den mithrischen Jahrhunderten lebte, und dem die Gedankengänge der Menschen seiner Zeit vertraut waren, drückte diese Überzeugung in einem schönen Wort aus: »Begreife, daß Du eine zweite Welt im Kleinen bist, daß es in Deinem Innern Sonne und Mond gibt und auch Sterne. Zweifelst Du noch, da doch zu Dir gesagt wird, Du seiest das Licht der Welt?«

Heliodromos – der Sonnenheld

Höher als der Mond stand freilich im Mithrasglauben die Sonne. Trugen die »Perser« als kultische Kleidung orientalische Tracht, schmückte sich der Heliodromos mit einem roten Gewand und gelbem Gürtel. Sein Haupt zierte eine Strahlenkrone mit Bändern, eine der drei Insignien des Graduierten. Die beiden anderen waren Fackel und Peitsche. Letztere erinnert an den Sonnengott, der mit dieser die Pferde seiner Quadriga anfeuert, die ihn über das Firmament ziehen. Der Sonnenheld repräsentierte im Kreis der Mithrasgemeinde Sol oder Helios, weswegen er bei den kultischen Veranstaltungen, die das Schicksal von Mithras durch spielerische Szenen nachgestalteten, eine Hauptperson gewesen sein muß. Vor allem trifft dies auf das Liebesmahl zu, das ihn mit Mithras vereint und das wir uns als Kultfeier im Sinne einer Kommunion vorzustellen haben.

Pater – der Vater

Angetan mit einem roten Gewand und geschmückt mit der roten phrygischen Mütze, saß er der Gemeinde vor. Die Würde seines geistlichen Amtes läßt an einen Patriarchen oder an einen geistlichen Herrscher denken. Wie Gottvater der Lenker der Welt ist, hingen von der Reife, Einsicht und Tugendhaftigkeit eines »Vaters« die inneren und äußeren Geschicke der Mithrasgemeinde ab. Der »Vater« der Mysterien war ein Weiser, eingeweiht in die wahre Bedeutung der sieben Stufen der Geheimnisse, ein dem Mithras wahrhaft Ergebener, Bewahrer des alten Wissens, aber doch fähig, Impulse zu geben und als Hirte seiner Gemeinde für deren gedeihliche Existenz zu sorgen. Die Stellung des Vaters war kein kirchliches Ehrenamt, vergleichbar einer Präsidentenstellung im Vereinsleben, sondern eine aus spiritueller Vollmacht hervorgegangene Würde, deren Träger Verehrung genoß und dem ganz selbstverständlich der schuldige Respekt gezollt wurde. Die Insignien der Würde eines Vaters – die phrygische Mütze, Stab und Opferschale eines Hierophanten, d.h. eines Oberpriesters, und eine Sichel – sind die Zeichen eines *magister sacrorum*.

Der »pater sacrorum«, der Vater der Mysterien, steht unter dem Schutz des Saturn, wie Vermaseren es einer Inschrift vom Mithräum unter Santa Prisca in Rom entnehmen konnte. Dort war über dem Freskenbild des Vaters zu lesen: »Heil den Vätern, vom Osten bis zum Westen, unter Schutz und Schirm von Saturn!« Es verwundert nicht, daß eine Inschrift, die auf einen Vater Bezug nimmt, diesen mit dem Titel eines »Studiosus astrologiae« auszeichnet. Wer sich als »Vater« in einer für diese Rangstufe mehr als üblichen Art und Weise der Astrologie zuwandte, hat dies nicht im Sinne heutiger Horoskopsteller getan.

Saturn, der planetare Schutzpatron des obersten mithrischen Weihegrades, ist eine Art Gegensonne. Er regiert im Tierkreis das Zeichen Wassermann, das dem Löwe-Feld (der Sonne zugeordnet) gegenüberliegt.

Saturn ist der sonnenfernste Planet, er hat von den sichtbaren Wandelsternen den langsamsten Lauf. Nach dem astrologischen Symbolverständnis führt Saturn den Menschen in die Tiefe, zur Reife, Einsicht, Weisheit und damit zur Erkenntnis. Das saturnische Los ist kein leichtes, denn Saturn ist auch Symbolstern des Leidens und des Verzichtens. Wenn der letzte mithrische Weihegrad unter den Schutz Saturns gestellt wurde, war die religiöse Aufgabe dieser Mysterienpriester, den Gläubigen den Weg zum Verständnis der geistigen Grundtatsachen der menschlichen Existenz zu weisen.

Die sieben Stufengrade der mithrischen Einweihung waren wie Filter angelegt, die nun jene schrittweise in die Geheimnisse eindringen ließen, die die Voraussetzungen dafür erfüllten. Es ist nicht sicher, aber wohl anzunehmen, daß die Aufsteiger nacheinander alle Grade durchliefen. Aber es gab Ausnahmen. Julian der Apostat gehört zu ihnen. Obwohl noch sehr jung an Jahren, entsprach doch die Art seines Eintretens für Mithras »väterlicher« Fürsorge für die Kultgemeinden. Sein großes Interesse an dem Philosophen Jamblichos (250–330), einem Schüler des Porphyrios, zeigt auch, welchen Einfluß die Lehre der Pythagoräer hatte, und lenkt den Blick auf die Bedeutung der Zahlen, denn sie bestimmen das Wesen der Dinge und halten den Kosmos in Harmonie.

Für die Mithrasten mußte die alte Mondzahl Sieben von Bedeutung sein, denn sie gliedert am stärksten die Zeitrhythmen, die in den Mondphasen sichtbar sind, zwischen denen jeweils sieben Tage liegen. Im astrologischen System ist deshalb dem Mond und damit dem Tierkreiszeichen Krebs, in dem er seine stärkste Position hat, die Sieben zugewiesen, nächst der Zwei, die dem Mond als dem zweitwichtigsten Himmelslicht zukommt. Die Umläufe der sieben Planeten, zu denen die Alten bekanntlich Sonne und Mond rechneten, gliedern durch ihre Zyklen die Zeit, mußten aber auch gemäß dem totalen Bezug der astronomischen Vorgänge zur Existenz in dieser Welt zuständig sein für die Schwingungen, welche die sieben Farben des Regenbogens ebenso wie die sieben Töne der Tonleiter bilden. Deswegen wurden die sieben Wochentage nach den sieben Planeten benannt. Dieser bedeutsamen Siebenzahl entsprechend gab es sieben Einweihungsstufen in die Mysterien und in Anlehnung danach die sieben christlichen Sakramente, sieben Erzengel und die sieben Elohim. Die alten Astrologen fanden heraus, daß sich der Lebensgang eines Menschen siebenstufig vollzieht. Die Hereinnahme einer Zahl, wie es die Sieben ist, in den Mithraskult mußte zur Folge haben, daß auch nicht-mathematisches Zahlenverständnis zum mithrischen Einweihungswissen zählte.

In den Mithräen brannte auf den Feueraltären Tag und Nacht die heilige Flamme. Es war eine der Hauptaufgaben der Priester, darauf zu achten, daß das Feuer nicht erlosch. Sie waren, wenn nicht selbst Magier, also persischer Herkunft, mindestens in deren Tracht gekleidet. Dreimal am Tage sprach der Priester die Gebete, in denen er die Sonne anrief, und wandte sich ihr dabei zu, also am Morgen nach Osten, am Mittag nach Süden und am Abend gen Westen. Jeder Tag stand unter der Herrschaft eines Planeten, dem besonders gehuldigt wurde, wie auch jenem Tierkreiszeichen, das gerade herrschte, d.h. durch welches sich die Sonne bewegte.

Zu dem am Altar abgehaltenen Gottesdienst kamen bei besonderen Anlässen Opfer. Sofern es sich um wilde Tiere wie Füchse, Wölfe und Wildschweine gehandelt hat, deren Knochen in den Abfallgruben der Mithräen gefunden wurden, dürften sie Opfer für die Dämonen gewesen sein. Durch den Zoroastrismus war das Prinzip des Dualismus in den Mithrasglauben aufgenommen worden. Das Böse hatte damit sozusagen göttlichen Rang erhalten, weshalb ihm auch kultische Verehrung zuteil werden mußte. Der Gegensatz zwischen Geist und Materie als ein Gegensatz zwischen Vernunft und Sinnlichkeit war zwar von griechischen Philosophen schon bedacht worden, aber dic Gegenüberstellung vom bösen Gott Ahriman und Ahura Mazda, dem guten Gott, unterschied die Mithrasreligion von allen anderen Mysterienkulten in Europa.

Die Existenz eines vergöttlichten Bösen lieferte auch eine Deutung der Übel dieser Welt, für welche die Armen und Geschlagenen bisher keine Erklärung fanden. Gegen das Dämonenheer unter Ahriman streiten die himmlischen Heerscharen des Ahura Mazda. Beiden Seiten muß der Gläubige opfern. Den wohltätigen Geistern, denen Pflanzen und Tiere ihre Fruchtbarkeit, die Natur das schöne Wetter und der Mensch die Wissenschaft verdankt, werden unblutige Opfer zuteil, sowohl aus Dankbarkeit als auch aus dem Wunsche heraus, in ihnen Fürsprecher bei den oberen Göttern zu finden. Blutige Opfer erhalten die Dämonen, die Seuchen, Hungersnöte, Stürme und Erdbeben veranlassen, Kriege auslösen und Urheber alles persönlichen Unglücks sind, das dem einzelnen Schaden bringt.

Bei der Messe wurde Brot und Wasser vom Priester geweiht und verzehrt. Aber das Wasser wurde mit dem Haoma-Saft vermischt, wie es alter Brauch war, in Europa ersatzweise mit Wein. Der Priester reichte das geweihte Brot und den Becher mit Wasser, dem Wein beigemischt war, dem Mysten. Allerdings durften erst die Weihegrade vom Löwen ab an dieser Kommunion teilhaben, die zum Mißvergnügen der Apologeten dem christlichen Gebrauch sehr ähnlich war. Diese Spende von geweihter Speise und geheiligtem Trank wurde im heiligen Mahl erweitert, wie wir von einem Bas-Relief aus Dalmatien wissen: Zwei Personen haben sich auf einem gepolsterten Ruhelager ausgestreckt und werden von Mysten verschiedener Grade bedient. Ein Perser reicht ihnen ein Trinkhorn. Vier kleine Brote liegen vor ihnen auf dem Dreifuß. Sie sind gefurcht, damit sie leicht gebrochen werden können. Im Trinkhorn dürfte sich Wein befunden haben, der wie der Haoma-Saft den Rausch begünstigte und von dem der Myste übernatürliche Wirkungen erhoffte.

Diese rituelle Gedächtnisfeier zur Erinnerung an das Mahl zwischen Mithras und Sol mag freilich nur selten stattgefunden haben. Es gehörte zu den mithrischen Festen, deren bedeutendste die Mithrakana waren, die allerdings auf Asien beschränkt blieben. Ihnen mag das Freudenfest entsprochen haben, das die Wiedergeburt der Sonne am 25. Dezember feierte. Überhaupt wurde die Sonne am meisten verehrt und der Sonntag besonders gefeiert. Zum Frühlingsanfang war es Brauch, Neulinge in die mithrischen Gemeinden aufzunehmen. Da die Mithräen klein waren und nicht mehr als höchstens hundert Personen faßten, waren die Bruderschaften in der Zahl ihrer Mitglieder überschaubar. Zur Verwaltung ihrer rein weltlichen Angelegenheiten wurden Vertrauensleute gewählt. Da es sich hierbei vielfach um die Wahrung juristischer Belange handelte, wie um das Eigentum an Grund und Boden, Führung einer Mitgliederliste oder Kasse (die Besoldung der Priester und die Unterhaltung des Mithräums, die Beschaffung der Opfertiere und andere Ausgaben mußten durch Spenden finanziert werden, die es zu verwalten galt), wurden für diese Aufgaben in der Regel Personen mit ensprechender Erfahrung gewählt, also nicht unbedingt Eingeweihte oder gar Priester.

Die mithrischen Bruderschaften waren organisiert wie die römischen Munizipien. Cumont gibt an, daß die offizielle

Liste der Mitglieder diese nach der Ordnung ihres Ranges und ihrer Würden enthielt. »An ihrer Spitze stand ein Rat von Dekurionen, ein leitender Ausschuß, der ohne Zweifel in einer Generalversammlung ernannt wurde, eine Art Senat en miniature, dessen zehn erste Mitglieder wie in den Städten besonders Vorrechte besaßen. Sie hatten ihre Männer oder jährlich gewählte Vorsitzende, ihre Kuratoren, denen finanzielle Befugnisse zustanden, ihre Anwälte, welche die Interessen der Kultvereine vor Gericht oder bei Verwaltungsbehörden zu vertreten hatten, endlich Patrone, angesehene Personen, von denen sie nicht nur wirksame Protektion, sondern auch pekuniäre Unterstützung erwarteten, die ihnen ermöglichte, ihr Budget zu balancieren. Da der Staat ihnen keinerlei Dotation gewährte, so hing ihr Wohlstand ausschließlich von der Freigebigkeit Privater ab.«[8]

Den Römern imponierte die straffe Disziplin, welche die Perser befähigt hatten, sich ihr Imperium aufzubauen. Diese Tugend war auch den Mithrasten gemein, wie die absolute Eidestreue und die Loyalität. Aus dem zoroastrischen Dualismus war eine kraftvolle Moral erwachsen, die es dem Mithrasbekenner erleichterte, sich in einer Welt zurechtzufinden, die im Alltagsleben einen beträchtlichen Mangel an Gerechtigkeit und eine brüchige Sittlichkeit aufwies. Leider sind uns die »Gebote« nicht bekannt, die ein Mithrast einzuhalten hatte. Gemäß der strengen, von den Persern übernommenen Ethik vollzog sich das Zusammenleben in einer mithrischen Bruderschaft sehr geordnet, was natürlich für einen guten Ruf sorgte und nach außen wirkte. Brüderliche Gesinnung verband die Eingeweihten. Allerdings war es keine Nächstenliebe im christlichen Sinn, sonst hätte Kaiser Julian nicht den Gedanken christlicher Caritas in das von ihm wiedererweckte Heidentum zu integrieren versucht.

Die Gläubigen des Mithras fühlten sich als Soldaten, auch wenn sie es von Beruf nicht waren. Eine gerade und offene Art, dazu Biedersinn, ließen sie nach eindeutigen Vorschriften leben. Der Mithraismus war eine Soldatenreligion par excellence mit einer sehr präzisen Theologie. Dem zoroastrischen Dualismus von der Scheidung des Guten vom Bösen entsprachen Reinheit und Unreinheit, wobei das Ziel des individuellen religiösen Strebens feststand: Streben nach Reinheit. Diese galt es zu erreichen. Daher muß vermieden werden, die göttlichen Elemente zu verunreinigen und sich selbst zu beflecken. Deswegen vollzog man rituelle Waschungen, um sich von sittlichem Makel zu reinigen. In der Betonung der Sittlichkeit unterscheidet sich der Mithraskult von den anderen orientalischen Mysterienreligionen, die erst in ihren Spätformen, z.B. im Isiskult, Keuschheit erstrebenswert sein ließen.

Mithras ist der große Einsame, der Gott, der keine Gefährten hat. Wer sich ihm zuwandte, akzeptierte die Askese. Soldaten mußten aus dienstlichen Gründen oft genug ihre sexuellen Bedürfnisse verdrängen. Das mithrische Rezept der Enthaltsamkeit war ihnen nichts Ungewöhnliches, es bot ihnen vielmehr die religiöse Rechtfertigung für sozusagen berufsbedingte Verzichte. Auch dadurch unterschied sich der Mithraismus von den anderen orientalischen Mysterienkulten, die die Triebe gerade durch ihr teilweise hemmungsloses sexuelles Ausleben zu überwinden suchten, was freilich von vielen Anhängern gern mißverstanden wurde und dann eben dazu führte, daß z.B. Tempelprostitution zum Bordellwesen wurde.

Wie sehr die orientalischen Kulte in der Zeit des Niedergangs des Reiches überwiegend besser waren als ihr Ruf oder als christliche Apologeten es glauben machen wollten, erwies sich gerade an den mithrischen Bruderschaften, die als Korsettstangen das Auseinanderfallen des Reiches hinausschoben oder verhinderten. Die dem Mithraismus eigene unzweideutige Haltung war es, welche die Erneuerungsversuche des Heidentums durch Julian begünstigten, ja, es überhaupt zuließen, daß im Hinblick auf das erstarkende

Christentum hier keineswegs eine anachronistische Restauration vorlag, sondern der aus zeitgenössischer Sicht aussichtsreiche Versuch, Bewährtes zu erhalten.

V

FROMMER SEX UND LOCKERE SITTEN: VOM IMPORTIERTEN GLÜCK DER MORGENLÄNDISCHEN GÖTTER

Die Mithrasreligion kam 67 v.Chr. nach Rom, zu einer Zeit, als es bereits eine ganze Reihe anderer Kulte gab. Offensichtlich war die Zeit reif für den Einzug eines strahlenden, verheißungsvollen, strengen, aber monogamen himmlischen Helden. Mithras zeigte von Anfang an Charakter, war anders als die anderen, wurde daher respektiert und vom römischen Wesen nicht vereinnahmt. Es ist schon recht merkwürdig, wie dieser religiöse »Gastarbeiter« zur letzten Stütze und zum Glanz des Heidentums werden konnte.

Die römische Geschichte der orientalischen Kulte beginnt im zweiten Punischen Krieg. Die Schrecken hatten ihren Höhepunkt offensichtlich überschritten, denn Hannibal hatte sich nach Bruttium, auf die Südspitze Italiens, zurückgezogen. Dort hatte er sich feste Stützpunkte eingerichtet und wartete ab. Die Bewohner Kalabriens standen auf seiner Seite, so daß sich Rom noch immer bedroht fühlen mußte. Groß war daher die Sorge, als es mehrmals Steine vom Himmel regnete, denn dies konnte nur ein böses Vorzeichen sein.

Das sibyllinische Orakel wurde befragt, was dieses Omen bedeutete und ob es ein Gegenmittel gäbe. Die Antwort ließ nichts zu wünschen übrig: Der Steinregen verkündete Unheil durch Hannibal. Das fuhr den Römern arg in die Glieder, denn sie hatten die fürchterliche Niederlage von Cannae, elf Jahre zuvor (216 v.Chr.) noch zu gut im Gedächtnis.

Achtzig Prozent der gesamten Streitmacht Roms, 50 000 römische Soldaten, verloren damals ihr Leben im Kampf gegen die zahlenmäßig geringeren Karthager.

Die sibyllinischen Bücher wußten auch Rat: Das Schlimmste war zu verhüten, ja sogar ins Gegenteil zu wenden, wenn es gelang, die Große Mutter von Ida nach Rom zu holen. Der Senat beriet sogleich über den Fingerzeig des Himmels. In der Landschaft Ida, östlich der heutigen Dardanellen, wurde ein schwarzer Meteorstein verehrt, ähnlich dem Schwarzen Stein in der Kaaba in Mekka, welcher der Göttin Kybele geweiht war. König Attalos hatte ihn aus Pessinus nach Pergamon gebracht. Er sollte bei Mysterien eine Rolle spielen.

Viel dürften sich die würdigen Senatoren nicht von diesem Fetisch erwartet haben, denn die Mysterien, welche die Römer kannten, so die eleusinischen oder die des Dionysos, waren eher lebensfroh als kämpferisch. Da aber der Himmel ihnen keine andere Chance gab, wurde alsbald eine Gesandtschaft des Senats zu König Attalos mit der Bitte geschickt, Rom dieses Heiligtum zu überlassen. Der König war damals in einer politisch bedrängten Situation. Er konnte es sich nicht leisten, die Freundschaft der Römer zu verlieren, weshalb die Große Mutter unverzüglich zu ihrer Hilfsaktion aufbrechen durfte.

Im April 204 v.Chr. war es soweit. Der Stein der Großen Mutter von Pessinus wurde in Ostia ausgeladen, wo eine riesige Menschenmenge darauf wartete, ihn nach Rom zu geleiten. Da es sich ja um eine mütterliche Wundertäterin handelte, eröffneten die angesehensten Familienmütter Roms die feierliche Prozession. Priester der Kybele nebelten den Stein mit Weihrauch ein, sangen und spielten auf Flöten oder umtanzten die Große Mutter nach den Schlägen ihrer Tamburins, bis die Retterin Roms ihren Standplatz auf dem Palatin erreicht hatte. Die Zuversicht der Menschen wuchs, da man sich allein schon von der Überfahrt wahre Wunderdinge erzählte, als das Schiff unbehelligt von Seeräubern und der karthagischen Flotte seinem Ziel zusteuerte. Nachdem schließlich Hannibal tatsächlich vom Festland vertrieben und 202 v.Chr. bei Zama besiegt wurde, waren die Römer zutiefst davon überzeugt, Kybele ihre Rettung zu verdanken.

Die Große Mutter von Pessinus erhielt einen eigenen Tempel, und hinfort fanden während der Woche vom 4. bis 10. April die Megalensischen Spiele statt. Sie sollten an die Überführung des Steins nach Rom erinnern, weshalb in diesen Tagen die seltsam aufgeputzte Priesterschaft der Kybele den Römern das ungewohnte Schauspiel sinnenfrohen Gottesdienstes bot. Wundersame Legenden rankten sich um das Schicksal der ursprünglich hethitischen Göttin, deren Schicksal aufs engste mit dem des Attis verbunden war. Er galt als ihr Gatte, aber Kybele stand ihm im Rang höher, weshalb man annehmen darf, daß ihre Verehrung bis in die Zeit des Matriarchats zurückreicht. Ursprünglich war sie eine Vegetationsgöttin und wurde auf den Gipfeln der Berge verehrt, wo unberührte Pinienwälder wuchsen, die dem Attis geweihten Bäume. Es liegt nahe, sie als Urmutter mit der griechischen Demeter zu vergleichen, mit der sie in den Augen des Volkes auch vielfach verschmolz. Spiegel, Granatapfel und der Löwe als ihr Reit- und Zugtier sind ihre Attribute. Letzteres kann als deutlicher Hinweis auf ihre Beziehungen zur Sonne angesehen werden. Wenn nach dem harten Winter die Frühlingsstürme über das kleinasiatische Hochland brausten, erinnerten sich die Menschen an Kybele und Attis. Er galt als ihr Geliebter, so daß beider Kulte miteinander aufs engste verquickt sind. Natürlich war es keine normale Liebesgeschichte, die sich zwischen beiden abspielte, und in den verschiedenen Legenden, die man sich erzählte, wechseln sogar die Bezugspersonen.

So berichtet der griechische Schriftsteller Pausanias, der im zweiten Jahrhundert n.Chr. ausgedehnte Reisen unternahm, daß Zeus einst Samen verloren habe. Aus ihm sei das Zwitterwesen Agdistis entstanden, sehr zum Mißvergnügen der Götter. Sie schnitten ihm das männliche Glied ab, wodurch Agdistis zum Weibe wurde. Ihren Namen hat sie nach dem Berge Agdos in Phrygien, doch ist sie identisch mit Kybele. Aus dem abgeschnittenen Gliede wuchs ein Mandelbaum, von dem sich die Tochter des Sangarios einen Zweig abbrach, den sie sich in ihren Busen steckte. Davon wurde sie schwanger und gebar den Attis. Da sie ihn nicht aufziehen durfte, setzte sie ihn aus, doch ein Bock fand und pflegte ihn; deshalb führte das Kind, das sich zu einem prächtigen Jüngling entwickelte, auch den Namen Attis, was soviel wie Bock heißt.

Als er, ein Hirte, die Tiere auf einer Bergmatte weidet, begegnet ihm Agdistis – Kybele. Sie entbrennt in heftiger Liebe zu ihm, aber Verwandte treten dazwischen. Es wird dem Attis bestimmt, die Königstochter von Pessinus zu heiraten. Er fügt sich, doch während der Hochzeitsfeier taucht Agdistis auf. Sie ist ein wunderschönes, feuriges Weib, das die Sinne der Männer betört, allen voran die des Königs, aber auch die des Attis. Das Fest gerät zur Orgie, die Begehrlichkeit wird zur Raserei, die in Verzweiflung mündet. Im Zustand der Ekstase entmannen sich der König und Attis. Am König scheint Agdistis wohl nichts gelegen zu haben, aber wegen Attis ist sie verzweifelt, denn er welkt dahin und stirbt. Da eilt Agdistis zu Zeus und bereut ihre Tat. Der Göttervater verzeiht ihr Tun und erhört ihre Bitte, daß der Leib des Attis nicht verfaulen soll. Das Göttliche hat nach Auffassung der Gelehrten indessen ein Motiv, dessen sich die Attisverehrer wahrscheinlich nicht bewußt waren, wenn sie die Exzesse der Götter zu deren höherer Ehre fleißig nachvollzogen. Den Zeitgenossen galt die Entgleisung der Himmlischen eher als Aufforderung zu ungebremster sexueller Betätigung, wie sie Astarte, die Erfinderin der Tempelprostitution, verlangte.

Daß Kybele durch die Entmannung des Geliebten schließlich das Happy-End versagt bleibt, könnte tatsächlich andeuten, daß die Göttin im Grunde genommen den Geschlechtsverkehr gar nicht wollte, denn nach einer anderen Fassung der Legende hat die Göttin ihn sogar selbst verstümmelt, er starb auch nicht, sondern (nach Lucian, einem 180 gestorbenen griechischen Schriftsteller) hörte er auf »als Mann zu leben, bekam ein weibliches Aussehen und legte Frauenkleider an; so zog er über die ganze Erde, indem er ihre Mysterien verbreitete, seine Schicksale erzählte und Lieder auf die Göttermutter sang. Auf diesen Zügen kam er auch nach Syrien und gründete dort den Tempel von Hierapolis«.

Diese Version erklärt mindestens, daß ein verstümmelter Attis zum Priester der Göttin wurde, wie auch ihre Priesterschaft allgemein aus Eunuchen bestanden hat.

Wenn also die Frühlingsstürme brausten, meinten die Bewohner Phrygiens die Trauerklagen Kybeles um den verstorbenen Geliebten zu hören. Sie waren ihnen Signal, sich jauchzend und schreiend, von Tamburins und Flöten angefeuert, durch Büsche und Wälder zu stürzen, Berghänge emporzueilen, um sich dort, außer sich vor Lust, aufgepeitscht durch lockende Schreie und verzückt durch sexuelles Verlangen, dessen Erfüllung ihnen Seligkeit verhieß, in den Zustand leidenschaftlicher Ekstase hineinzusteigern, die nur durch den Rausch einer Orgie ihre Lösung fand. Dabei fügten sich die Männer Wunden zu, geißelten sich, wobei das Besprengen mit Blut sie nur noch weiter aufputschte. In diesem Zustand der Raserei geschah es dann, daß sich einzelne Gläubige selbst entmannten. Sie hießen dann Galli und wurden die hochgeachteten Priester der Kybele. In Rom konnte sich dieses Treiben zunächst nicht entfalten, denn es entsprach nicht den Vorstellungen eines römischen Gottesdienstes, und für die freiwillige Verstümmelung hatten gesunde Römer schon gar nichts übrig.

In späterer Zeit sah man in der Entmannung nicht nur einen freiwilligen Verzicht auf die Befriedigung der sexuellen Triebe, sondern die allgemeine Entsagung leiblicher Genüsse und Wohltaten. Solch ein Wandel vollzog sich freilich erst nach und nach, trug aber dazu bei, daß der Kult von Kybele und Attis sich im zweiten und dritten Jahrhundert ausbreiten konnte. Diese Anpassung an die römische Denkweise wurde vor allem durch den Einfluß der zur Askese neigenden stoischen Philosophie möglich, wodurch sich der Charakter des Kultes wandelte, der ursprünglich im Einklang mit der Naturreligion entstanden war; denn das Sterben von Attis symbolisierte nichts anderes als das Dahinwelken der Pflanzen im Herbst. Die Römer entdeckten recht bald, was sie sich im wörtlichen Sinne mit der Großen Mutter von Pessinus eingehandelt hatten. Im wörtlichen Sinne deshalb, weil der Tiber sehr wenig Wasser führte, als der Stein nach Rom übergeführt wurde, das Schiff auf Grund lief und trotz aller Anstrengungen nicht wieder flottgemacht werden konnte. Claudia Quinta, eine Dame der ersten Gesellschaft, die unverdienterweise in einem schlechten Rufe stand, warf sich zu Boden und flehte zu der Göttin, durch ein Wunder in dieser Stunde ihre Reinheit zu bezeugen. Sie ergriff das Tau des Schiffes, worauf dieses freikam und landen konnte.

Bei den Megalensischen Spielen wurde u.a. ein Pinienstamm im heiligen Hain der Göttin gefällt, seine Zweige mit Veilchenkränzen geschmückt und der Stamm wie ein Leiche in purpurne Wollbinden gehüllt. An ihm wurden die Symbole des phrygischen Kultes aufgehängt, Zymbeln, Pauken, Trommeln, Flöten, Hirtenstab. Selten fehlte ein Bild des Attis, denn der Baum stand stellvertretend für den gestorbenen Gott. Die feierliche Prozession mit Flötenspiel, Tamburins und Weihrauch machte das fremde Völkchen der Kybele- und Attispriester zu einem Schauspiel, an dem die Bevölkerung freilich eher passiv Anteil hatte. Zwar wurde der fremden Göttin Respekt gezollt, da sie schließlich das Vaterland gerettet hatte, aber den Bürgern Roms war die Teilnahme an Orgien streng verboten, wie übrigens auch die Entmannung unter Strafe stand.

Am zweiten Tag der Spiele, wenn man den Attis-Baum durch die Straßen trug, hatten die Anhänger sich des sexuellen Verkehrs zu enthalten, auf Schweinefleisch zu verzichten und weder Brot noch Wurzel- oder Baumfrüchte zu verzehren. Feigen, Fische und einige Vogelarten waren erlaubt. Am folgenden Tag, dem »Bluttag«, wurde der Gott feierlich bestattet und die neuen Galli aufgenommen. Die orgiastischen Handlungen, die zwangsläufig dazugehörten und in Pessinus z. B. an dem fiktiven Grabhügel des Attis stattfanden, vollzogen sich in Rom jedoch möglicherweise unter Ausschluß der Öffentlichkeit. Nach dem Bluttag feierte man das Fest der Auferstehung, das durch ausgelassene Stimmung gekennzeichnet war. Das Bad der Göttin am letzten Tag beendete die Feierlichkeiten. Ein silbernes Kultbild der Göttin mit dem Fetisch-Stein wurde vom Tempel auf dem Palatin zum Bach Almo gefahren und dort samt einer Löwenfigur, dem Wagen und anderen Heiligtümern der Kybele gebadet, auf dem Rückweg mit frischen Frühlingsblumen überschüttet.

Kybele, die Retterin Roms vor den Karthagern, konnte es als Triumph buchen, sogar dort, im Lande der Feinde, gefeiert zu werden. Entsprechend dem heißblütigeren Temperament der Landsleute Hannibals sangen diese bei der Prozession Texte, die sich auf das Sexuelle bezogen und vollführten Gebärden, die das Ganze zu einem recht obszönen Spektakel geraten ließen. Überall, wo Prozessionen stattfanden, brachten sich die Gläubigen auch Wunden bei oder peitschten sich gegenseitig blutig, um zu erreichen, daß die Muttergöttin Attis zu neuem Leben erweckt wurde.

Attis wurde damit zum Symbol der Auferstehung. Die Beerdigung des Pinienstammes oder das Eingraben menschlicher oder tierischer Glieder, die als Sitz der Zeugungskraft gelten, sollten die Natur aufs neue beleben.

Die Verehrung von Kybele und Attis war ein öffentliches Ereignis, aber es gab auch Mysterien, über deren Inhalt sehr wenig bekannt ist. Es gab aber auch ein Taurobolium, ähnlich dem im Kult des Mithras: Der mit Binden, einem goldenen Kranz geschmückte und in ein seidenes Gewand gehüllte Gläubige stieg in die Opfergrube, über der ein festlich geschmückter Stier geschlachtet wurde. Sein Blut tropfte durch die Löcher des Bretterbodens auf den Mysten und ließ ihn das Schicksal des Gottes Attis nachempfinden, zu sterben, aber auch wieder aufzuerstehen. Als nunmehr Eingeweihter verließ er die Grube. Ob es sich nun um die Tötung eines Stieres, also um ein Taurobolium, oder um die eines Widders, eines Krioboliums handelte, macht kaum einen Unterschied, wie auch Sinn und Ablauf im Kybelekult der gleiche war wie der in der Mithrasreligion.

Es wurde bereits im Anschluß an die Besprechung der mithrischen Einweihungsgrade dargelegt, daß die Sitte des Tauroboliums vor allem durch Kybele begünstigt wurde. Gerade ihre Bräuche waren es, die sich am längsten hielten, wahrscheinlich, weil Prozessionen und Aufzüge mit ihrem Glanz etwas für Augen und Ohren waren, die Schmausereien an den Festtagen, das Verlangen nach Liebe und Genuß anregten, so daß die Volksseele in der Verehrung der Großen Mutter ein Ventil fand, aber auch der einzelne sich zutiefst angesprochen fühlen konnte. Vor allem natürlich die Frauen, die ihren Gefühlen freien Lauf lassen durften, um Attis zu beweinen und mit Kybele zu klagen, dann aber auch die Auferstehung in Hymnen zu feiern und seine Rückkehr mit hellem Jubel in das Leben zu begrüßen, und um auf den Straßen wie in den Quartieren an Maskeraden teilzunehmen und so unerkannt der Vergnügungslust frönen zu können.

Obwohl sich vorwiegend die Frauen der Kybelereligion zuwandten, die in den Mithrasgemeinden keine Aufnahme fanden, traten auch Männer in den Dienst der Göttin. So genossen vor allem die Baumträger bei der Prozession ein hohes Ansehen. Das Fest der Auferstehung eröffnete den Gläubigen die Aussicht, daß der Tod den Menschen kein Ende setzte und daß die Verstorbenen nicht im Schattenreich dahindämmern mußten, wie man es bisher geglaubt hatte: »Habt Mut, Ihr Mysten, denn Gott ist gerettet; auch Euch wird aus den Leiden Heil erwachsen!«

Der Sinneswandel, der die Menschen im Hinblick auf die letzten Dinge erfüllte, fand seinen Ausdruck in der Duldung, ja Förderung, welche der Kult der Großen Mutter schließlich erfuhr. Kybele und Attis, auf dem Palatin in ihrem Tempel zunächst isoliert und nur anläßlich der Megalensischen Spiele geduldet, traten aus ihrer Isolierung hervor, nachdem Kaiser Caligula den Isiskult eingeführt hatte. Sein Nachfolger, der geschichtsbewußte Claudius, mochte die Große Mutter, die Retterin Roms, jener Isis nicht nachgestellt wissen. Das kam natürlich den Galli zugute, die damit römische Bürger wurden und deren priesterliche Aufgaben nunmehr auch von Römern ausgeübt werden durften. Damit konnte auch astrologisches Gedankengut in den Kybelekult einfließen. So wurden die Spiele in die zweite Märzhälfte vorverlegt, wenn der Frühling begann. Die Attis-Pinie wurde zur Tag- und Nachtgleiche gefällt und damit zum »Märzbaum«. Der Kult der Großen Mutter hatte eine so große Anziehungskraft, daß er kleinere, ähnliche Kulte absorbierte, und sich dabei veredelte.

Einst war dem Diktator Sulla (138–78 v. Chr.) im Traum eine der Kybele ähnliche Göttin erschienen. Es war Ma, die im Taurusgebirge als Fruchtbarkeitsgöttin verehrt wurde, jedoch einen noch grausameren und blutigeren Kult als Kybele hatte. Tempelsklaven und Tempeldirnen standen in ihrem Dienst, tanzten bei Trommeln und Trompeten, drehten sich bis zur Ekstase und schlitzten sich dann mit Messern, Schwertern oder Äxten die Arme auf, schlürften das Blut oder besprengten damit das Bild der Göttin oder die

Gläubigen, denen sie auch in ihrem Rauschzustand die Zukunft voraussagten.

In Attis dagegen ging ein anderer Gott auf, Men, in dem man unschwer einen Hinweis auf den Mond erkennt, denn in gewisser Beziehung ist Kybele, durch ihr Begleittier Löwe, als »Sonne« ausgewiesen, und Attis demnach als »Mond« ihr Gatte. Men galt in verschiedenen kleinasiatischen Provinzen als »Herr der Monate«, hatte aber nicht nur den Namen vom Nachtgestirn, sondern auch Bezug zum Wachsen und Gedeihen der Pflanzen, zur Frucht wie zur Geburt.

Auch der Sabazios-Kult wurde übernommen, konnte sich aber auf die Dauer nicht halten. Er war der phrygische Dionysos, durch dessen Mysterien sich der Gläubige vom Fluch einer Erbsünde befreien konnte. Ein sabazischer Brauch war es, die ersten drei Finger der Hand zur Segnung auszustrecken, eine Sitte, die von den Juden entlehnt wurde. Die Sabazios-Mysten feierten wie die Mithrasten ein heiliges Mahl, denn sie glaubten, nach ihrem Tode durch einen guten Engel zum Mahl der Seligen geführt zu werden, auf das sie sich durch Abhaltung eines rituellen Essens vorbereiteten. Sabazios gilt als Biergott, sein Name ist vom illyrischen Wort Sabaja – Bier – abgeleitet, das, ohne Hopfen gebraut, das berauschende Nationalgetränk der Thraker und Phrygier war. Er gilt auch als ein Gott des Ackerbaus, wird häufig mit Pflug und Gerstenähre dargestellt, hat Bezug zum Stier und Widder, besonders aber zur Pinie.

Bekannt sind die Sabazios-Hände, welche die Finger in segnender Haltung zeigen, häufig aber auch einen Pinienzapfen, der aus dem Daumen hervorzuwachsen scheint, dazu Frösche, Schildkröte oder Schlange oder auch kleine Büsten, z. B. des Sabazios. Auch eine liegende Frau, die ihr Kind stillt, ist eine Motiv, das die Sabazios-Hände zeigen, denn er gilt als Lebensgott, der Wachstum schenkt. Bei sabazischen Prozessionen wurde in einem Deckelkorb eine

Schlange mitgeführt, die man sich als Inkarnation des Gottes dachte. Mythen berichten von der geschlechtlichen Vereinigung zwischen Göttern oder Göttinnen in Schlangengestalt mit Menschen. Ein Mysteriengeheimnis war es, wie das Ritual einer heiligen Hochzeit nachvollzogen wurde.

Im alten Iran wurde Anahita als Göttin der lebens- und fruchtspendenden Gewässer verehrt. Damit konnte sie schließlich in Kleinasien auch zur Großen Mutter werden, als die sie 204 v.Chr. in Rom einzog. Sie stand durch die gemeinsame Herkunft von Anfang an in besonderer Beziehung zu Mithras, ja, Kybele sollte in der Folgezeit geradezu mit Mithras kooperieren. Praktisch lief das darauf hinaus, daß die Männer zum Mithrasdienst gingen, während die Frauen Kybele verehrten; beider Heiligtümer waren häufig aneinandergebaut, wie auch die Priester beider Religionen Hand in Hand arbeiteten. Eine gegenseitige Beeinflussung der Lehren konnte nicht ausbleiben, wie wir bereits am Beispiel des Tauroboliums gesehen haben. Im Kult der Großen Mutter erfüllte es das blutige Ritual der Galli mit einem neuen Sinn. Andererseits wurden zoroastrische Lehren in den Kybelekult übernommen, was ihn ethisch aufwertete. Auch das gemeinschaftlich verzehrte Mahl ließ nicht nur als Kommunion mit dem Gott eins werden, es stärkte zugleich das Gemeinschaftsgefühl und vereinte die Glieder einer Glaubensgemeinde nicht allein in geistlicher Hinsicht, sondern auch, um Prüfungen des Lebens besser begegnen zu können.

Zu den Importreligionen aus der hellenischen Welt zählt der Isiskult, der auch Osiris einschließt, der mit Serapis gleichzusetzen ist. Es sind jene Götter Ägyptens, die für längere Zeit Einfluß auf die Welt der Römer gewinnen konnten. Man sollte meinen, die römischen Senatoren hätten in den hundert Jahren, in denen die Große Mutter auf dem Palatin in ihrem Tempel ein zwar zurückgezogenes Leben führte, jedoch ständig auf dem Sprunge schien, sich in die Herzen oder, besser gesagt, in die Sinne jener einzugraben, die sie dereinst vor dem punischen Schrecken errettet hatte, auf Bewahrung altrömischer Sitte und Moral besonderen Wert gelegt. Je mehr allerdings die eigenen Götter an Ausstrahlungskraft verloren und die alte Religion vor allem nach der Zeitenwende keine Perspektiven mehr bot, die über den Tod hinausreichten und Jenseitshoffnungen rechtfertigten, um so mehr hielt der suchende Geist Ausschau nach anderen Lösungen.

Was aus Ägypten zu hören war, klang zwar phantastisch, weckte jedoch eher Erstaunen über den exotischen Charakter der dortigen Götterwelt, als daß die Menschen sich für die seltsamen Sitten und Gebräuche der Ägypter hätten erwärmen können. Unbestritten war die hohe Kultur, die auf uralten Traditionen fußte, abstoßend allerdings die Verehrung von Krokodilen, Katzen, Zwiebeln oder anderen Pflanzen. Die rein ägyptischen Götter hatten keine Chance, Zugang in die Welt der Griechen und Römer zu finden. Als die Ptolemäer um 300 v.Chr. in Ägypten als Könige an die Macht kamen, verehrten ihre Untertanen eine Vielzahl verschiedener Götter, doch fehlte die Grundlage für eine gemeinsame Religion, die von den ansässig gewordenen Griechen ebenso hätte akzeptiert werden können wie in den regional sehr unterschiedlichen Gauen. So kam es ganz bewußt zur Gestaltung einer Mischreligion, deren liturgische Sprache Griechisch war.

Auf diese Weise entstand der Typus der Isis, die mit einem einfachen Leinenkleid, das mit Fransen besetzt war, und einem über der Brust zusammengeknüpften Mantel dargestellt wurde, innige Gesichtszüge aufwies und eine Verkörperung von Demeter und Aphrodite war. Sofern sie mit einem Kuhgehörn, in dessen Mitte eine Sonnenscheibe war, abgebildet wurde, erinnerte sie an die Himmelskönigin Hathor. Häufig wurde sie auch zusammen mit ihrem Sohn Horus gezeigt, den sie auf ihrem Schoß stillt oder säugt, ein

Vorbild der christlichen Maria. Diese Isis wurde die Schutzpatronin der Seefahrer, gelangte mit diesen bis nach Griechenland und von dort schließlich um 100 v.Chr. nach Italien.

Etwa um die gleiche Zeit wurden in Süditalien Serapis (dem ägyptischen Osiris entsprechend) die ersten Heiligtümer errichtet. Bryaxis, ein griechischer Bildhauer des vierten Jahrhunderts v.Chr., schuf die berühmte Statue des Serapis, die uns leider nur in zahlreichen minderwertigen Nachbildungen erhalten geblieben ist. Sie zeigt den Hauptgott Alexandrias in der Art des Zeus mit wallendem Gewand und lockigem Haar. Auf dem Haupt trägt er eine Art Tschako, das jedoch ein Getreidemaß ist. Serapis entwickelte sich aus einem Fruchtbarkeitsgott und nahm dionysische Züge an, er verschmolz mit Zeus zum Herrn der Welt.

Mit diesem Kunstgriff hatten die Ptolemäer eine ägyptische Exportreligion geschaffen, die ihnen überall Einfluß sicherte, wohin ihre Schiffe und Händler kamen. Das setzte freilich voraus, daß die Formen der Verehrung der Götter entschärft wurden und sich dem Geschmack der Griechen anpaßten. Einerseits mußten sie weiterhin deren Neugier auf das Fremde und Unbekannte befriedigen, etwa vergleichbar jener Haltung, wie sie heute im Westen den östlichen Religionen entgegengebracht wird. Andererseits mußten aber auch jene orgiastischen Elemente der Kulte verschwinden, die gegen den »guten Geschmack« zu verstoßen schienen. Es konnte zu Mißverständnissen führen, wenn bei den Prozessionen ein erigierter Phallus herumgetragen wurde. In Ägypten wurde er als natürliches Fruchtbarkeitssymbol verstanden, zu den strengen Moralvorstellungen, wie sie die Römer in den Zeiten der Republik hatten, paßte das nicht.

Günstig dagegen wirkte sich aus, daß die Priester der von den Pharaonen eingeführten Götter in Dankgebeten stets der Herrscher gedachten. Das taten sie dann auch in jenen Ländern, wohin die ägyptischen Kulte verpflanzt wurden, was sie z. B. in der Kaiserzeit den Cäsaren sehr sympathisch machte. Populär wurden die Mysterien von Isis und Serapis vor allem, weil sie den Gläubigen ein Fortleben nach dem Tode in Aussicht stellten. Daraus darf man nun nicht die Schlußfolgerung ziehen, daß die Kulte sich sogleich überall im Römerreich hätten ungestört ausbreiten können. In den Jahren um 48 v. Chr. wurden die Gottheiten aus Alexandria in Rom fünfmal verboten und ihre Tempel zerstört, ohne daß es indessen gelang, sie aus dem Herzen der Mysten zu tilgen. Es ist die Zeit, in der die alten Götter Roms und der Dienst an ihnen sich noch schwer mit den religiösen Importen vertrugen, von denen nicht allzuviel bekannt war, da sich die Einweihung geheim vollzog. Außerdem waren die Riten damals noch nicht so weit gereinigt, daß sie den Anforderungen der Römer entsprochen hätten.

Nun fühlten sich jedoch gerade die Unterprivilegierten, das Volk, vom Isisdienst angezogen, wodurch schlecht zu kontrollieren war, ob die geheimen Zirkel der Verehrung der Gottheit dienten oder ob es Verschwörernester gegen den Staat waren. Die kriegerischen Auseinandersetzungen der Römer mit den Ägyptern z. Zt. von Antonius und Kleopatra trugen ferner zunächst dazu bei, die Abneigung gegen die Götter der Feinde des siegreichen Roms zu fördern. So war es den ägyptischen Priestern lediglich erlaubt, Tempel außerhalb der Hauptstadt zu errichten. Diese war damit vor ihnen zunächst abgeschirmt, doch war der Siegeszug von Isis und Serapis durch die Provinzen nicht aufzuhalten, denn Händler, Sklaven und vor allem die nach den verschiedenen Reichsteilen versetzten Soldaten sorgten für eine rasche Verbreitung. Caligula, Domitian und vor allem Caracalla (um 215) errichteten der Isis Tempel in Rom, einen prunkvoller als den anderen. Damit war das Eis gebrochen, und Isisprozessionen zogen bis Ende des vierten Jahrhunderts an den Feiertagen der Göttin durch Rom, wie durch die Straßen der Provinzstädte, auch noch, als im Laufe des dritten Jahrhunderts die Kaiser ihr Herz für Sol-Mithras entdeckten.

Was nun den ägyptischen Götterhimmel anbelangt, war dieser seit jeher nicht streng geordnet. Die Fülle der Lokalgottheiten paßte sich den religiösen Verhältnissen der verschiedenen Gebiete ebenso an, wie die oberen Götter einander nicht im Wege standen. Auch Isis und Serapis bewiesen eine außergewöhnliche Assimilationsfähigkeit. Griechen wie Römer konnten Isis daher mit ähnlichen heimischen Göttinnen identifizieren, darüber hinaus rückte sie zur Herrin der Elemente auf, zur Königin des Himmels und der Unterwelt, der Erde und des Meeres. Ihr Gatte Serapis war Fruchtbarkeitsgott, aber auch Zeus, Pluto oder Helios, entsprach damit auch der Sonne und begünstigte das Aufkommen eines solaren Pantheismus, wie er sich in der späten Antike herauskristallisierte.

Die römische Priesterschaft begegnete der Einwanderung von Isis mit recht gemischten Gefühlen. Matrosen und Händler hatten von Isis-Venus aus dem leichtlebigen Alexandria zu berichten gewußt, daß die Tempel nur zu oft erotische Szenen sahen, die sexuellen Vergnügungen weit mehr als Weihehandlungen glichen. Solche Erzählungen gingen rasch von Mund zu Mund, doch erlebten jene, die sich von den Isismysterien schlüpfrige Dinge erhofft hatten, zunehmend eine Enttäuschung, denn Isis wie Serapis wandelten sich in den 500 Jahren, in denen ihnen die Bürger Roms und der Provinzen Sympathie entgegenbringen sollten, und aus den ohne Zweifel lockeren Kulten wurden sehr tugendhafte Religonen. Allerdings war diese Entwicklung nicht durchgehend zu beobachten. Da jede Kultgemeinde auf sich selbst gestellt war und den Göttern nach eigenem Ermessen huldigte, ging es wohl dort gesittet zu, wo ernsthafte Gläubige die Oberhand hatten. An anderen Orten gediehen im Schatten der Mysterien auch Unsittlichkeiten und so mancher Isistempel wurde zu einer Mischung von

Weihestätte und Bordell, wo die religiösen Zeugungsriten zu Sexorgien ausarteten.

Da ein schlechter Ruf sich indessen rascher und weiter verbreitete als ein guter Leumund, fanden Kritiker, vornehmlich aus dem christlichen Lager, reichhaltigen Stoff. Zur Ehre der Isis muß gesagt werden, daß die Sittenlosigkeit keineswegs überwog. Die Riten der Kulte waren den Römern ungewohnt. Waschungen und Räucherungen sollten Dämonen vertreiben, doch verband sich mit dem Streben nach Reinheit später auch der Gedanke, sittlich ohne Makel zu leben, das heißt, rein zu sein. Ernährungsvorschriften, wie auch die Mahnung zu geschlechtlicher Enthaltsamkeit, z.B. vor den Einweihungsriten, hatten indessen mehr einen zeremoniellen Charakter als daß sie darauf abzielten, den inneren Menschen zu läutern. Insofern war es typischer Brauch, daß es darauf ankam, die liturgischen Formeln richtig anzuwenden, also äußerliche Handlungen zur Entsühnung zu vollziehen. So berichtet Juvenal von Frauen, die im Winter im eisigen Tiber badeten und dann um den Isistempel auf ihren Knien rutschten, bis diese blutig waren, weil sie meinten, sich so ihrer Sünden zu entledigen. Der Mensch wollte rein vor dem Unterweltgott Serapis bestehen. Aus Isis, der kupplerischen alexandrinischen Venus, wurde die Göttin der Keuschheit, und wer auf diesseitige leibliche oder sexuelle Genüsse verzichtete, dem verhieß sie im Jenseits ungleich höhere Freuden.

Nach und nach bildete sich eine kultische Frömmigkeit heraus, die der griechisch-römische Geist bisher nicht kannte. Dadurch gewann der Kult ganz besondere magische Aspekte. Peinlich genau hielten die Priester das z.T. jahrtausendealte Ritual ein. Die Herleitung der heiligen Texte aus der Frühzeit der ägyptischen Religion, dazu der Prunk bei Festen und das Geheimnis der Einweihung, konnten ihre Wirkung auf die Menschen nicht verfehlen. Sie begünstigte eine spiritualistisch-mystische Frömmigkeit, die das Ritual zu innerseelischen Vorgängen in Beziehung bringt, wie sie ein Mystiker in Meditation und Ekstasen erlebt.

Selbstverständlich stellten die Priester eine eigene Kaste dar, die streng hierarchisch gegliedert war. Sie hatten keinen anderen Beruf als den Gottesdienst, der sie voll beanspruchte, da er pünktlich vollzogen werden mußte. Dazu gehörte es, täglich die vorgeschriebenen Waschungen und Salbungen der Götterbilder vorzunehmen, in Gebeten Isis und Osiris-Serapis anzurufen, zweimal täglich der Gottheit zu huldigen, etwas, was den Römern fremd war. Dazu kamen die regelmäßigen Feste, z.B. am Beginn der Jahreszeiten, auch am 5. März, wenn erstmals wieder nach dem Winter die Schiffahrt in Rom eröffnet wurde.

Die Umzüge boten der Menge stets ein erregendes Schauspiel: Verkleideten Personen folgten blumenstreuende Frauen und Fackelträger, in die Lieder der Hymnensänger, die mit Flötenmusik und dem Geklapper metallener Rasseln gemischt waren, stimmten die in glänzende Gewänder gehüllten Priester ein, die ihre Köpfe kahlgeschoren trugen. Sie führten Götterbilder mit sich, auch solche mit Tiergestalten, dazu die goldene Urne mit dem Wasser des heiligen Nil. Hinter ihnen schritten die Novizen, die ihrer Einweihung in das Mysterium harrten. An Ruhealtären wurde ein Halt eingelegt, ganz wie bei einer christlichen Fronleichnamsprozession.

Das bedeutsamste religiöse Schauspiel war dem Gedächtnis der Auffindung des Osiris gewidmet. Seine Ursprünge lassen sich bis in die Zeit um etwa 1900 v.Chr. zurückverfolgen. Der Mythos berichtet, daß Seth, der Gott der Wüste, des Unwetters und der Stürme, Osiris tötete, weshalb er in der späteren Zeit auch als Gott alles Bösen angesehen wurde. Für die Griechen war Seth daher mit Typhon identisch. Er zerstreut die Körperglieder des Osiris. Isis, laut wehklagend, suchte sie und setzte den Leichnam wieder zusammen, so daß der göttliche Leib wiederbelebt werden konnte.

Das ist der eigentliche Anlaß zum Jubelfest. Während sich das Volk an dem szenischen Schauspiel ergötzte, wußten die Eingeweihten um dessen tieferen Sinn: Ein Fest der Auferstehung, wie es die Kybele-Anhänger zur Erinnerung an Attis im Kult der Großen Mutter feierten. Wenn aber der Gott nach seinem Tode zu neuem Leben erweckt werden konnte, dann sollte dies auch für die Menschen möglich sein, sofern sie nur die Riten genau einhielten. Während die römischen Philosophen über ein Leben nach dem Tode keine oder nur ungewisse Aussagen machen konnten, ließen die ausländischen Mysterienkulte daran keinen Zweifel. Dies war der eigentliche religiöse Grund für ihre rasche Ausbreitung und für den Zulauf, vor allem bei den Armen und den entrechteten Sklaven, die durch frommes Verhalten eine Entschädigung für die Härten im Diesseits erhoffen konnten.

Als Informant über den Isiskult erweist sich Apulejus (geb. 125), der in Band XI seines Romans »Metamorphosen« die Einweihung des Isis-Mysten Lucius in dessen eigenen Worten schildert. Sie ist ein gutes Beispiel für eine Initiation in eine Mysterienreligion überhaupt:

»Von Tag zu Tag stieg nun meine Sehnsucht, die Weihen zu empfangen, und mit heißen Bitten drängte ich oftmals den Oberpriester, daß er mich endlich in die Mysterien der heiligen Nacht einführe. Doch jener Mann, der sonst bekannt war wegen seiner ernsten und nüchternen Beobachtung der Religion, hielt mild und freundlich, wie Eltern ihrer Kinder unzeitige Wünsche zu mäßigen pflegen, mein Drängen hin und besänftigte mit dem Troste besserer Hoffnung mein banges Gemüt. Denn auch den Tag, an dem ein jeder eingeweiht werden dürfe, bestimme ein Wink der Göttin und ebenso werde der Priester, der die Weihe vollziehen solle, durch ihre Vorsehung erwählt, sogar die für die Zeremonien nötigen Aufwendungen würden durch ähnlichen Befehl angezeigt. Dies alles müßten auch wir mit still harrender Geduld erwarten, so meinte er, da ich mich vor leidenschaftlichem Verlangen und Widerspenstigkeit gar sehr hüten und beiderlei Schuld vermeiden müsse und auf der Göttin Ruf weder zögern noch ungerufen zu eilig sein dürfe. Auch sei niemand aus seinem Stande so verlorenen Sinnes oder selbstmörderisch, daß er ohne ausdrücklichen Befehl der Herrin einen so kühnen und gottesschänderischen Dienst zu vollziehen und damit todeswürdige Schuld auf sich zu nehmen wagte.

Denn sowohl die Pforten der Unterwelt als auch der Schirm des Heils seien in der Göttin Hand, und die Übergabe selber werde gleich einem freiwilligen Tod und einer durch Gebet erlangten Errettung gefeiert, da die Gottheit nur solche, die nach vollbrachter Lebenszeit schon auf der Schwelle des erlöschenden Lichtes stehen, denen aber ohne Sorge die großen Geheimnisse der Religion anvertraut werden könnten, zu erwählen und sie, nachdem sie gewissermaßen durch ihre Vorsehung wiedergeboren seien, wieder auf den Weg eines neuen Lebens im Heile zu stellen pflege. So müsse denn auch ich den Himmelsbefehl einhalten, trotzdem ich durch der großen Gottheit außerordentliche und offenbare Würdigung schon längst zu ihrem seligen Dienste berufen und bestimmt sei, müsse mich auch nicht anders wie ihre übrigen Verehrer unheiliger und sündhafter Speise jetzt schon enthalten, daß ich um so ungesäumter zu den verborgenen Mysterien der allerreinsten Religion Zugang finde.

So hatte der Priester gesagt, und Ungeduld vereitelte meinen Gehorsam, sondern in beschaulicher Ruhe und rechtschaffenem Schweigen unterzog ich mich sorgfältig während einiger Tage einer eifrigen Ausübung des heiligen Dienstes. Und der mächtigen Göttin heilsame Gnade täuschte mich nicht, peinigte mich auch nicht durch eine allzu lange Wartezeit. Sie machte mir klar, daß nun der Tag gekommen sei, in dem sie mein höchstes Begehren erfüllen würde, wie viel Aufwand ich machen müßte für den Gottesdienst. Sie bestimmte auch jenen Oberpriester Mithras, der, wie sie sagte, durch eine gewisse Sternkonjunktion mir verbunden sei, daß er die Weihen an mir vollziehe.

Auf solche und andere wohlwollende Vorschriften der Göttin hin im Herzen erquickt, schüttle ich noch in der Dämmerung den Schlaf von mir und eile sogleich zu der Wohnung des Priesters und grüße ihn einmal über das andere, als er eben aus seinem Schlafzimmer freundlich hervortritt. Dringlicher als sonst wollte ich den heiligem Befehle gleichsam geschuldeten Gehorsam fordern. Doch kaum hat jener mich erblickt, so beginnt er: »O Lucius, du Glückseliger, den mit gnädigem Willen die hehre Gottheit so reich beschenkt! Und – so spricht er weiter – was stehst du noch zögernd und hältst dich selbst auf? Gekommen ist der Tag, den du in beständigem Gebet erfleht hast, an dem du auf der vielnamigen Göttin heiligen Befehl durch meine Hände in die verehrungswürdigen Geheimnisse der Weihen eingeführt werden sollst!« Und die Rechte mir reichend, führt mich der leutselige Greis sogleich zu den Toren selbst des geräumigen Heiligtums, und als nach feierlichem Brauch das Amt der Öffnung vollzogen und das Morgenopfer dargebracht war, zieht er aus dem abgeschlossenen Raum des Allerheiligsten einige Bücher, mit unverständlichen Buchstaben geschrieben, teils Figuren von allerlei Tieren, die der festgelegten Rede kurze Worte andeuten, teils verknüpfte und nach Art eines Rades gewundene und in sich verschlungene zusammengedrängte Schriftzüge, die vor neugieriger Lektüre der Ungeweihten geschützt waren. Daraus verkündigt er mir, was zum Vollzug der Weihe notwendig vorbereitet werden müsse. Den Einkauf dieser Dinge besorgte ich emsig und freigebig, teils persönlich, teils durch meine Genossen. Als aber, wie der Priester sagte, der rechte Augenblick gekommen war, da umringte mich die Menge der Gläubigen, und er bringt mich zum nächsten Bade, und nach der üblichen Waschung verkündigte er die Gnade der Götter und übergoß mich gleichsam wie mit Tau und reinigte mich. Drauf führte er mich wieder zum Tempel zurück und stellte mich, als bereits zwei Drittel des Tages verflossen waren, vor die Spuren der Gottheit selbst. Danach gab er mir im geheimen einige Aufträge, die für die laute Rede zu gut waren, und befiehlt mir dann mit hellen, klaren Worten vor allen, die zugegen waren, zehn Tage hindurch die Lust am Essen zu zügeln, keinerlei Tierfleisch zu genießen und keinen Wein zu trinken. Nachdem ich diese Vorschriften in ehrfürchtiger Enthaltsamkeit, wie sich's gehört, beachtet hatte, war schon der Tag, den der Göttin Verheißung bestimmt hatte, herangekommen, und die Sonne neigte sich zum Abend. Da strömen die Scharen der Geweihten von allen Seiten herbei und beschenken mich nach altem Brauche. Als dann die Ungeweihten alle entlassen waren, werde ich mit einem rauhen Linnentuch bedeckt, der Priester nimmt mich freundlich an der Hand und führt mich ins Allerheiligste. Du fragst vielleicht, geneigter Leser, neugierig, was dann gesprochen, was getan wurde: ich würde es sagen, wenn es erlaubt wäre, davon zu reden, und wenn man's hören dürfte, würdest du es erfahren. Aber gleiche Schuld würde Ohren und Zunge treffen, diese ob ihrer gottlosen Geschwätzigkeit, jene ob der frechen Neugier. Doch will ich dich, da du vielleicht von frommem Verlangen erfaßt bist, nicht auf die Folter spannen. So hör denn, aber nimm gläubig hin, was ja Wahrheit ist. Ich kam bis zu der Grenzscheide des Todes und betrat die Schwelle der Proserpina; durch alle Elemente wurde ich dahingetragen und kehrte zurück; mitten in der Nacht sah ich die Sonne mit weißglänzendem Licht leuchten; die Götter der oberen und unteren Welt sah ich von Angesicht zu Angesicht und betete sie aus der Nähe an. Siehe, was du noch nicht begreifen kannst, auch wenn du es hörst, das habe ich dir berichtet. So laß mich weiter mitteilen, was allein ohne Sühne dem Wissen Ungeweihter verkündigt werden darf. Es ward Morgen, und nachdem die

Feierlichkeiten vollbracht waren, kam ich hervor, mit zwölf heiligen Gewändern von tief religiöser Bedeutung angetan, doch darf ich darüber sprechen, denn es sahen mich in jenem Augenblick zahlreiche Zuschauer. Ich stieg inmitten des heiligen Raumes auf eine hölzerne Erhöhung vor der Göttin Bild nach dem Geheiß, sichtbar in einem leinenen, aber prächtig gestickten Gewande. Über die Schultern hing auf dem Rücken bis zu den Fersen ein kostbarer Mantel. Wohin man auch schaute, war ich mit Tieren, die in allerlei Farben aufgezeichnet waren, geschmückt; da waren indische Drachen, dort hyperboreische Greife, die, gleich Vögeln geflügelt, eine andere Welt erzeugt. Die Geweihten nennen sie die olympische Stola. In der Rechten trug ich eine brennende Fackel, das Haupt schmückte ein Kranz aus leuchtenden Palmzweigen, deren Blätter Strahlen gleich emporstanden. So war ich dem Sonnengotte gleich geziert und einem Götterbilde gleich aufgestellt und plötzlich wurde der Vorhang hinweggezogen und des Volkes Augen hingen an mir. Danach beging ich den festlichen Geburtstag meiner Weihe mit süßem Mahl und fröhlichem Gelage. Auch der dritte Tag wurde mit gleichem Brauch gefeiert, ein heiliges Frühmahl und der ziemende Abschluß der Weihe. Noch verweilte ich daselbst einige Tage und genoß mit unaussprechlicher Lust den Anblick des Gottesbildes, dem ich durch eine Gnade, die ich nie vergelten konnte, zum Eigentum gemacht worden war. Doch endlich, auf der Göttin Geheiß – nicht völlig zwar, doch meinen Mitteln angemessen, hatte ich demütig meine Dankesschuld abgetragen – bereite ich mich zu später Heimfahrt und vermochte kaum die Bande zu zerreißen, die mich mit glühender Sehnsucht zurückhielten. Schließlich warf ich mich vor der Göttin nieder und bedeckte lang mit meinem Angesicht ihre Füße; die Tränen flossen und heftiges Schluchzen unterbrach oft die Rede, als ich die Worte verschluckend, mein Gebet sprach. Ich bete zur höchsten Gottheit und umarme den Priester Mithras, nun meinen

Vater, und hange an seinem Halse unter tausend Küssen und bitte um Vergebung, daß ich ihm so reiche Wohltat nicht gebührend vergelten kann. Lange schon hatte sich mein Dank ausgedehnt und ich mich aufgehalten; endlich mache ich mich auf und eile geraden Wegs zur Heimat, meinen Herd nach ziemlich langer Abwesenheit wieder zu schauen. Dann raffe ich nach wenig Tagen auf der mächtigen Göttin Geheiß mein Gepäck zusammen, besteige ein Schiff und reise nach Rom. Von günstigen Augustwinden getragen, komme ich rasch in den Hafen und durchfliege von dort das Land zu Wagen und am Abend des Tages, dem die Iden des Dezember folgten (12. Dez.) erreiche ich diese hochheilige Stadt. Und seitdem kannte ich kein dringenderes Begehren, als täglich die allerhöchste Gottheit der Königin Isis anzurufen, die nach des Tempels Lage die (Isis) vom Marsfeld heißt und durch innige Anbetung gnädig gestimmt wird. Ich war übrigens ein eifriger Verehrer, ein Proselyt des Heiligtums, der Religion selber aber Einheimischer.«

Soweit die Schilderung einer Isiseinweihung.

Über Kybele und Attis, Isis und Osiris-Serapis und natürlich über Mithras sprach man im ganzen Römischen Reich. Von der Existenz Ihrer Kulte wußte man einiges, wenn es auch längst nicht überall kultische Gemeinden gab. Daneben waren kleinere Kulte verbreitet, deren Erlösungsversprechen man als eine Art Geheimtip weitergegeben haben mag, die andererseits irgendwie aus dem Rahmen fielen, sei es, daß sie besondere Riten hatten oder, daß ihre Gläubigen ihnen aus landsmannschaftlichen Gründen anhingen. So war es bei den Kulten der syrischen Baale. Obwohl Baal soviel wie »Herr« heißt, verstand man darunter auch Göttinnen, allen voran die Dea Syria, die »Syrische Göttin« Atargatis. Ihr Beispiel mag belegen, daß selbst einem kleineren Kult gesellschaftspolitische Brisanz zukam, wurde er erst zum Mittel, Herrschaftsansprüche durchzusetzen.

Der Name Atargatis ist allein schon Programm. Er läßt sich etwa mit »die Ischtar des Attis« übersetzen, meint also damit eine Astarte-Venus, die man besser eine Sexgöttin als Liebesgöttin nennt, denn die von ihr geförderte Tempelprostitution hat mit Liebe als einer Körper- und Seelengemeinschaft nichts zu tun, sondern zielt allein auf den Geschlechtsverkehr, mag er auch religiös motiviert sein.

Zulauf erhielt der Kult der Atargatis vor allem in jenen Gebieten des Römischen Reiches, in denen Syrer in größerer Zahl wohnten. Vielfach war dies in Hafenstädten der Fall, wo sie Händler waren, sodann aber in der Provinz, wo man sie als Sklaven auf den großen Gütern einsetzte. Lucius von Patras verdanken wir eine kleine Schilderung, die ein bezeichnendes Licht auf den schlechten Ruf wirft, den die Priester der Atargatis genossen: Ein Trupp junger geschminkter Leute zieht unter Leitung eines alten Eunuchen von Dorf zu Dorf und von Gut zu Gut. Auf einem Eselskarren führen sie das aufgeputzte Bild ihrer Göttin mit sich. Treffen sie auf syrische Landsleute, die sich freuen, der heimischen Göttin zu begegnen und die sich daher auch als spendabel erweisen, tanzen sie zum Klang von Flöten und versetzen sich dabei in Ekstase. Dann geißeln sie sich und stechen sich mit Schwertern, um mit ihrem Blut das Bild der Göttin, aber auch die Zuschauer zu bespritzen. Da das Publikum, bei aller Gutwilligkeit, nicht viel geben konnte, behalfen sich diese Bettelpriester mit Wahrsagerei, aber auch mit Diebstählen.

Ursprünglich war der Kult in Heliopolis am Euphrat zu Hause. Dort kursierte eine kultische Sage, von der Lucian in seinem Bericht über die Dea Syria (d.h. die syrische Göttin) berichtet. Stratonike, die Gattin des syrischen Königs Seleukos I. Nikator, der um 300 v.Chr. lebte, wurde eines Tages krank. Sie gelobte, einen Tempel zu stiften, wenn sie gesunde. Als das geschah, schickte der König sie nach Hierapolis, damit sie den Grundstein lege. Kombabos, ein schöner Jüngling, sollte sie begleiten. Da Stratonike aber ein begehrenswertes Weib war, fürchtete Kombabos unangenehme Konsequenzen; er nützte die sieben Tage, die bis zum Aufbruch verblieben, um sich selbst zu verstümmeln. Sein abgeschnittenes Glied legte er mit Myrrhen, Honig und anderen Spezereien einbalsamiert in ein kleines Gefäß, versiegelte es und übergab es dem König zur Aufbewahrung. Drei Jahre wurde am Tempel gebaut. In dieser Zeit geschah, was kommen mußte. Stratonike verliebte sich in den Jüngling und drängte ihn zum sexuellen Verkehr, dessen er nicht fähig war. Kombabos mußte ihr gestehen, was er an sich getan hatte. So verzichtete das Paar auf einen Geschlechtsakt, blieb sich aber in Liebe verbunden.

Dem König wurde die Beziehung zwischen seiner Frau und dem vermeintlichen Liebhaber hinterbracht, so daß er Kombabos hinrichten lassen wollte. Nun klärt ihn dieser auf, das Kästchen wurde geöffnet und überzeugte den Herrscher. Als der Tempel vollendet war, ließ der König Kombabos eine Bildsäule errichten, die ihn in Frauenkleidern abbildete. Diese Legende bezieht sich natürlich auf Attis und auf die Galli oder Galloi, die Priester der Großen Mutter von Pessinus. Aber Eunuchen versahen auch für Atargatis ihre Dienste. Das Besondere an den Kulten der syrischen Baale sind nicht ihre Priester, sondern die Gegenstände ihrer Verehrung. Vorwiegend sind es Bäume, die man nicht fällen durfte, aber auch das Wasser der Quellen, Flüsse und Seen, doch galten als ganz besonders heilig die Meteoriten, in denen man sich wie in den Bäumen die Wohnung der Götter dachte oder in denen man die Götter materiell verkörpert sah. Das sind semitische Glaubenselemente, die somit auch nach Rom gelangten.

Die Römer kamen in den ersten nachchristlichen Jahrhunderten mit syrischen Mysterienreligionen in Verbindung, als sie sich Teile von Mesopotamien unterwarfen. Das war die Zeit, in der römische Legionäre auch den Jupiter von Doliche als Schutzherrn annektiert hatten. Im phönikischen Astarte-Kult, in der Verehrung der Aphrodite, gilt die Taube als ein heiliger Vogel, ebenfalls wurden zu Ehren der Atargatis in Hierapolis weiße Tauben gehalten. Der Mythos berichtete, daß einst Fischer am Euphrat ein Ei von wunderbarer Größe gefunden und an Land gebracht hätten. Dort sei es von einer Taube ausgebrütet worden und Atargatis, die Dea Syria, sei so geboren worden. Damit ist auch ein Bezug zum Wasser hergestellt, dem eigentlichen Element Atargatis', welche die Gläubigen sich in der vorrömischen Epoche des Kultes noch als eine Gestalt, halb Mensch, halb Fisch vorgestellt hatten. Zu jeder Zeit wurden zu Ehren der Atargatis' in Tempelteichen Fische gehalten, die nicht verspeist werden durften, ohne eine schwere Sünde zu begehen. Lediglich an ganz besonderen Feiertagen des Kultes wurden sie von den Priestern verzehrt, die damit die Kräfte der Göttin zu erlangen suchten. Wie weit solche kultischen Bräuche ausstrahlen, mag erhellen, daß ein Forscher wie Cumont die Fischsymbolik des Christentums auf die heidnischen Gebräuche des Atargatiskultes zurückführt.

Die historische Stunde der syrischen Baale schlug am Beginn des dritten Jahrhunderts. Damals regierte in Rom der Kaiser Septimius Severus (193–211), dessen Gattin Julia Domna die Tochter des Hohenpriesters des Baals von Emesa (heute Homs), eines ziemlich unbekannten syrischen Gottes, war. Von ihr und dem Sohn ihrer Nichte, dem Kaiser Heliogabal, wird noch zu berichten sein, da er 218 den Baal von Emesa zum Reichsgott machen ließ, was mit zügellosen Festen verbunden war. Das hatte damit zu tun, daß die Kulte der syrischen Baale, sei es derjenige der Atargatis oder des erwähnten Baals von Emesa, in der Regel mit erotischen Ausschweifungen verbunden waren.

Mit Ausnahme von Mithras, dem keuschen Gott, der keine Partnerin hatte, war in den Mysterienreligionen jedem Gott eine entsprechende Göttin zugeordnet. Vordergründig und dem einfachen Volk verständlich, machten die Priester dies als Fruchtbarkeitskult geltend, während die Eingeweihten darin eher eine Vereinigung der beiden Urprinzipien, des männlichen und des weiblichen sahen. Unter den Kulten orientalischer Herkunft mochten die syrischen noch am stärksten barbarische Elemente enthalten. Man erinnerte sich gut an Menschenopfer, die sich trotz eines ausdrücklichen Verbotes des Kaisers Hadrian noch lange hielten. Solch blutdürstigen Riten prägten sich in die Vorstellungen der Menschen ebenso ein wie die Schamlosigkeit, die mit der Tempelprostitution verbunden war.

Diese war vor allem in Syrien entwickelt worden und wird verschieden erklärt: So soll sie auf den bei semitischen Völkern geübten Brauch der Exogamie zurückzuführen sein, der Heirat außerhalb des eigenen Stammes. Tatsächlich kam es wesentlich darauf an, daß Jungfrauen von Fremden defloriert wurden. Ein anderer Gesichtspunkt ist, daß Blut mit Befleckung gleichgesetzt wurde, und schließlich kann man noch unterstellen, daß auch Nützlichkeitsüberlegungen, eben Geldverdienst, eine Rolle spielten.

Daß es gerade die römischen Soldaten waren, die an den syrischen Kulten Geschmack fanden, braucht also nicht zu verwundern. Zur Verbreitung im Römerreich trug allerdings wesentlich bei, daß die syrischen Händler und Sklaven sich allezeit als sehr heimatbewußt bewiesen und aus diesem Grunde der Atargatis auch in fremdem Lande huldigten, wo doch die umherziehenden Galli die syrischen Kulte nicht gerade in einem hellen Licht erscheinen ließen, deren Wesenszüge so uneinheitlich waren und sich hart an der Grenze des Erlaubten und des Guten bewegten.

Aber selbst auf die syrischen Kulte gewannen chaldäische Astrallehren Einfluß, ja, überdeckten vielfach sogar die ursprünglichen Glaubensvorstellungen. So ließ z.B. 34 v.Chr. König Antiochus von Kommagene an seinem monumentalen Grabdenkmal sowohl Bas-Reliefs seiner Götter, aber auch sein eigenes Horoskop anbringen, und Münzen von Kommagene und zahlreicher anderer syrischer Städte tragen die Embleme der Tierkreiszeichen.

Was die kosmologischen Vorstellungen angeht, auf welche die syrischen Kulte hinwirkten, so sind sie semitischen Ursprungs. Die Verstorbenen gelangen in ein Totenreich, in dem sie eine schattengleiche Existenz führen. Diese ist nicht zuletzt von der Grabpflege und den Totenopfern der Hinterbliebenen abhängig. Diese recht primitive Eschatologie wandelte sich unter chaldäischem Einfluß. Dabei wurden die Vorstellungen der Babylonier vom Ausgang des Lebens übernommen: Während der Erdentage ist der Mensch von den Konstellationen der Gestirne abhängig, die sein Schicksal formen. Mit seinem Tod wird die Seele frei und kann zum Himmel emporsteigen, sie gelangt vom Mond zur Sonne, wo sie eine Heimstätte findet.

Kosmologie und Eschatologie, die Lehre von der Entstehung und Entwicklung der Welt, wie sie durch die Astrologie für den Menschen bedeutsam wurde, und die Lehre von den letzten Dingen verquicken sich zu einem System, deren Zusammenhänge den Eingeweihten vorbehalten blieben. Die Seelenreise zum Mond und zur Sonne entwickelte sich weiter. War die Seele einst vom Himmel durch die Sphäre der sieben Planeten zur Erde gelangt, wobei sie von jedem Gestirn die entsprechenden Anlagen mit bekommen hatte, kehrte sie nach dem Tode unter Führung eines Seelenbegleiters, meistens des Sonnengottes oder auch des Mithras, auf dem gleichen Wege wieder zurück. Auf jedem Planeten machte sie Rast und legte jenes Zeitkleid, also Fähigkeiten und Leidenschaften ab, die er ihr einst gegeben hatte. Vor jeder der sieben Stationen ist ein Tor gesetzt, das nur jene Seele durchschreiten kann, die das richtige Losungswort kennt. Nur die Eingeweihten wissen es. Auf die letzte der sieben Stationen folgt der Schritt in die achte Sphäre, wo dem Verstorbenen die Ewige Seligkeit winkt. Dann gleicht er den Göttern.

So richteten die Mysterienreligionen den Blick von der Erde zum Himmel. Das unterirdische Totenreich hatte seine Schrecken verloren. Je mehr sich das Interesse der Menschen auf den Himmel mit seinen Vorgängen richtete, um so stärker beeinflußten die Ergebnisse der Beobachtung auch die religiösen Vorstellungen. Zunächst meinte man, daß der himmlische Reigen sich in recht vordergründigen Räumen abspielte, was einen höchsten, einzigen Gott »dahinter« annehmen ließ, wie etwa Zervan in der Mithrasreligion als erste Ursache galt. Der Weg zum Monotheismus führt zu einem allmächtigen Gott, der das Schicksal der Welt, der Staaten, aber auch des einzelnen lenkt. Auf den Münzen der Seleukiden ist er mit einem Mond auf der Stirn dargestellt, eine Sonne mit sieben Strahlen haltend, entsprechend der Siebenzahl der Planeten. Seinen Willen kann man durch die Beobachtung der Gestirne erkunden, denn sie regieren durch ihre Umläufe die Zeit, zu welcher der Mensch damit nun eine ganz neue Einstellung gewinnt.

Waren die Vorstellungen vom Tode eines Attis oder Osiris noch wesentlich mit jahreszeitlichem Geschehen verknüpft, führte der Einfluß der syrischen und persischen Kulte und durch diese der babylonischen Astrologie dazu, den Tod nicht als ein Ende anzusehen, sondern in der Gleichsetzung mit dem Untergang der Gestirne, die ja wieder aufgehen, ein neues Leben anzunehmen. So manifestierte sich das astronomisch begründete religiöse Wissen vor allem in der Sonne, die deshalb *invictus,* d.h. unbesiegt blieb. Die Ausrichtung des religiösen Glaubens auf astronomische Perioden, die jeweils unter der Regentschaft eines bestimmten Gestirns stehen, beeinflußte schließlich auch die eschatologischen Vorstellungen, soweit sie die Konsequenz des Endes aller Zeitalter betrafen.

Die römischen Götter glichen Menschen, hatten ihre Vorzüge wie ihre Fehler, waren von Leidenschaften geplagt und strebten nach sinnlichen Freuden. Sie wohnten im Olymp über den Wolken und waren unsterblich. Unter dem Einfluß der babylonischen Priesterastrologen änderte sich das Bild. Die Beobachtungen der Kreisläufe der Gestirne ergaben, daß sie »ewig« waren. Sie waren vor den Menschen da und würden nach ihnen weiterbestehen. Ein Gott, der sie lenkte, mußte demnach ebenfalls ewig, d.h. ohne Anfang und ohne Ende existent sein. Galten die Planeten ursprünglich als Sterne der jeweiligen Götter, sei es des Jupiter oder des Mars, wurden sie nach und nach mit den Olympischen selbst identifiziert. Das systematisierende Denken der Priesterastrologen erstrebte eine Vereinheitlichung, sah die Bewegungen am Himmel wie das irdische Geschehen als eine Einheit, als einen Organismus an. Daher konnten sich bestimmte Götter sowohl in Planeten als auch in Pflanzen verkörpern, sie waren anteilmäßig im Menschen vorhanden, je nachdem, wie dessen Seele bei ihrem Abstieg zur Erde mächtigen oder schwächeren Einflüssen der Gestirne ausgesetzt war, ganz wie man es sich bei den übrigen Lebewesen, seien es Tiere oder Pflanzen, dachte. Von der Sonne ging alle Engergie aus. Sie wurde und war somit das Symbol der obersten Gewalt in der Welt, damit auch des obersten Gottes. Diese Theologie paßte vorzüglich zur monotheistischen Philosophie der Stoa. In Richtung eines derartigen solaren Pantheismus entwickelten sich die antiken Religionen während der Kaiserzeit. Das Christentum konnte hier anknüpfen, Jesus Christus zum »Licht der Welt« werden.

VI

DER MITHRAISMUS WIRD DIE RELIGION DER RÖMISCHEN KAISER

Um die Mitte des ersten Jahrhunderts war Mithras ein Gott der Armen, und Sklaven waren vermutlich seine ersten und getreuesten Bekenner, weil sie am meisten Grund hatten, auf ein jenseitiges Lebensglück zu hoffen, das sie für die im Diesseits erlittene Mühsal entschädigte und gemäß den Jenseitsvorstellungen der Mithrasregligion diejenigen beim großen Weltenbrand ins Verderben stieß, die es durch ihren sündhaften Wandel nicht anders verdienten. Mehr und mehr nahmen die Soldaten Mithras als ihren himmlischen Fürsprecher und Patron an, denn Treue, Mut und Gehorsam waren schließlich jene Tugenden, die sie üben mußten und für die sie von ihren Vorgesetzten belohnt wurden. Ganz zwangsläufig kam es, daß höhere Offiziere und Beamte sich zu Mithras bekannten und sich in die Mysterien einweihen ließen, teils, weil auch sie zu Gehorsam verpflichtet waren und somit in dem geheimen Kult die Verklärung jenes Verhaltens sahen, das sie anderen abforderten, zu dem sie sich aber auch selbst bekannten.

Die Hofkreise mochten sich vermutlich für die barbarische Religion zunächst nicht zu erwärmen. Keuschheit und Mäßigkeit waren keine Gesprächsstoffe für den Klatsch in den Boudoirs der Damen, bis ein Ereignis besonderer Art von Mithras reden machte: der Besuch des Tiridates.

Nero, ein echter Star der Lebewelt, war immer darauf aus, sich und seinen Bewunderern etwas zu bieten. Es genügte ihm nicht, das niedergebrannte Rom prächtiger aufgebaut zu haben, vor allem den riesigen und imposantesten Palast, jenes »Goldene Haus«, das vor Gold und Edelsteinen blitzte. Es kam ihm zu, wie ein Gott verehrt zu werden. Er besann sich auf die Achämenidenherrscher der Perser, die sich mit der Strahlenkrone des Helios schmückten. Sol oder Mithras hatten sie den Herrschern verliehen, wobei die Legende zwischen beiden keinen Unterschied machte. So ließ auch Nero sich mit der Aureole schmücken und sprach vom Sonnengott nicht anders als von seinem Bruder. Damals war Tiridates, der König von Armenien, aufgebrochen, dem Cäsar in Rom als seinem Herrn zu huldigen. Er war einer jener Exoten, die mit viel Pomp auftraten, den Nero nur zu gerne sah, weil es zugleich seine Stellung aufwertete. Die Reise des Königs in das Zentrum der Macht geschah nicht per Schiff. Tiridates bekannte sich zu Ahura Mazda, zur Religion des Mithras. Wer Feuer auf Altären brennen läßt und das Feuer als erstes Element der Welt heiligt, mochte nicht übers Wasser. Es wäre einer Entweihung gleichgekommen. So schlug Tiridates den beschwerlichen Landweg ein, was seinem Besuch die Fama des Besonderen vorauseilen ließ. Mit viel Gepränge zog der König aus dem fernen Land in Rom ein und warf sich vor Nero, dem Herrn der Erde, in den Staub, um ihn mit jenen Worten zu huldigen, die Dio Cassius überliefert hat: »Ich bin zu dir, meinem Gott gekommen, um dich anzubeten wie den Mithras. Ich werde sein, was du in deinem unerforschlichen Ratschluß aus mir machst. Denn du bist mein Schicksal und mein Heil.«

Damit erfuhr der kaiserliche Hof in Rom erstmals offiziell von der Existenz Mithras. Aber es sollten noch Jahrzehnte ins Land gehen, bis sich die Nachfolger Neros ernsthaft für den fernen Gott erwärmen ließen. Immerhin war durch den aufsehenerregenden Besuch des Tiridates Mithras attraktiv geworden, und Plinius berichtet, daß Nero sich in die Mysterien einweihen ließ. Vermutlich geschah das ohne innere Anteilnahme und mehr aus Neugier.

Commodus, der verkommene Sohn Marc Aurels, des »Philosophen auf dem Thron«, trieb die Günstlingswirtschaft und Verschwendung mindestens so arg wie Nero. Er ging ganz davon ab, ein humaner Herrscher zu sein, scherte sich nicht um die Sicherung der Grenzen gegen die Markomannen, die sein Vater so erfolgreich bekämpft hatte, war stattdessen bemüht, seine Willkürherrschaft zu festigen, indem er sich auf seine Göttlichkeit berief. Das Volk sollte ihn als irdischen Jupiter verehren. Auch Commodus ließ sich in die Mithrasmysterien einweihen. Unter seiner Herrschaft wurde der Kult mehr denn je gefördert und erfreute sich aus naheligenden Gründen der Gunst des Kaisers: Wer als Jupiter auftritt, dem konnte ein Kult nur recht sein, der den Planeten Jupiter verehrte, und zwar in einer anderen Form als diese je dem Jupiter auf dem Kapitol zuteil geworden war. Der Gott verkörperte sich im Kaiser, sein Wesen war jovisch, d.h. jupiterhaft. Daß der Gehorsam gegenüber dem Herrscher eine religiöse Tugend war, mochte dem Kaiser eine willkommene Zugabe sein. Fortan schnellte die Anzahl der Mithrasbekenner in der Führungsschicht sprunghaft an. Dennoch blieb es bei privaten Spenden, welche die Religion förderten; offizielle Zuwendungen erhielten die Mithrasten nicht.

Von dem in Leptis Magna in Afrika geborenen Septimius Severus wurde bereits gesagt, daß er 193 in Carnuntum zum Kaiser ausgerufen wurde und daß er viel von Astrologie hielt und in ihrer Ausübung bewandert war. Auch trieb er einen innigen Kult mit den Gestirngöttern. An seinem Hof zog Julia Domna, eine geistig außergewöhnlich aufgeschlossene Frau, die Fäden. Ja, sie regierte später sogar, als ihr Sohn Caracalla auf den Spuren Alexanders des Großen wandelnd, Kriege führte, um ein Weltreich zu gründen.

Julia Domna entstammte der Familie eines Priesterkönigs aus Syrien. Sie hatte eine Nichte, deren Sohn ebenfalls in

Syrien geboren worden war. Als späterer Kaiser sollte er aber bereits im Alter von 18 Jahren von seinen Gardisten ermordet werden. Als er vierzehn war, riefen ihn die Truppen nach dem Tode Caracallas zum Kaiser aus. Das war ein Werk seiner Großmutter, die den Soldaten erklärt hatte, er sei der Sohn des Kaisers. Der Jüngling nannte sich nach dem Baal von Emesa Elagabal oder lat. Heliogabalus. Der Name des Helios wurde ihm zur Aufgabe, denn als Heliogabal 219 in Rom feierlich einzog, brachte er den Steinfetisch des Baals aus Emesa mit. Nicht nur Anhänglichkeit an seine Heimat hatte Heliogabal dazu gebracht, diesen *sol invictus* als Reichsgott einzusetzen. Er mochte ein Gespür haben, wie notwendig diese religiöse Klammer zu werden begann. Indessen war es nur ein kurzes, sehr ungeschickt und übereilt durchgeführtes Intermezzo, das nicht von Bestand sein konnte, wenn es auch bereits den aufkommenden Strömungen des Zeitgeistes entsprach, der die Anerkennung eines solchen obersten Gottes verlangte.

Dieser Schritt geschah ein halbes Jahrhundert später im Jahr 274, als sich schon überall im Land Mithrasgemeinden gebildet hatten und der Mithraismus einfach nicht zu übersehen war. Lucius Domitius Aurelianus, der Sohn einer Priesterin des Sonnengottes, wurde zu jenem Kaiser, dessen politischer Scharfblick wie seine enge Verbindung zum Militär es als erforderlich ansahen, das Religionswesen zu vereinheitlichen, um den Staat gegen die Angriffe von außen auch innerlich stark zu machen. Aurelian hatte die Germanen an der Donau abgewehrt und diese Grenze gesichert. Mit ihr wollte er Oberitalien schützen. Außerdem begann er, Rom mit einer fast neun Kilometer langen Mauer, der Aurelianischen, zu umgeben. Sie sollte erst 279 vollendet werden, vier Jahre nach seiner Ermordung durch meuternde Soldaten. Aurelian mußte zwar Dakien räumen, gewann aber dafür durch seinen Sieg über die Königin Zenobia von Palmyra den Osten. Ohne Zweifel hatte der Krieg in Syrien

Aurelians Begeisterung für den Sol Invictus nur verstärkt und ihm die Notwendigkeit seiner Verehrung vor Augen geführt.

Der Triumphzug von 274 geriet zum glänzenden Spektakel, zu einer imposanten Schaustellung der kaiserlichen Macht. Es war ganz nach dem Herzen des Volkes, daß Aurelian als restitutor imperii (der Wiederhersteller des Reiches) in die Hauptstadt einzog. An der Spitze des Zuges schritten zwanzig Elefanten, zahlreiche andere afrikanische Tiere und 800 Gladiatorenpaare, die einen Vorgeschmack auf die Zirkuskämpfe boten. Unter den gefesselten gotischen Gefangenen sah man zehn Frauen, die in kriegerischer Tracht gegen die Römer gekämpft hatten. Unter den Gefangenen waren Germanen wie Sueben und Franken, aber auch Ägypter und Palmyrener. Der gallische König Tetricus mit seinem Sohn erregte neben der in goldenen Ketten gefesselten Zenobia das größte Aufsehen. Sie schritten vor dem mit Gold und Edelsteinen besetzten Königswagen einher, den die Zenobia und ihr Sohn vorsorglich für ihren eigenen siegreichen Einzug in Rom hatten anfertigen lassen. Aurelian selbst stand auf einem gotischen Götterwagen, der von vier Hirschen gezogen wurde.

Der Sol Invictus erhielt in Rom einen glänzenden Tempel, in dem die in Palmyra geraubten Standbilder des Bel und des Helios aufgestellt wurden. Senatoren wurden als seine Priester eingesetzt und sollten das gleiche Ansehen genießen wie die alteingeführten Priester. In der Folge wurden alle vier Jahre zu Ehren des obersten Reichsgottes, des Schirmherrn des Kaisers und des Staates, aufwendige Spiele gefeiert, eingedenk der Tatsache, daß äußerliche Pracht am augenfälligsten wirbt.

Gewiß waren Sol und Mithras verschiedene Götter, aber sie verschmolzen in den Vorstellungen derjenigen, die wie das einfache Volk weder Zugang zu den Bildungsgütern, also keine Informationsmöglichkeiten hatten, noch in die

Mysterien eingeweiht waren, sofern sie keine Mithrasten waren. Vielleicht liegt auch darin der Grund, daß es selbst unter Aurelian keine offiziell erklärte, d.h. dotierte Förderung des Mithraskultes gab, da dieser ja ohnehin von der Verehrung des *sol invictus* profitierte. Praktisch lief dessen Verehrung auch auf die Heiligung des Mithras hinaus. So brachte die Einsetzung des *sol invictus* als des obersten Reichsgottes für die Entwicklung des Mithraismus eine Zäsur, denn nunmehr wurde der Glaube an Mithras und seine Verehrung eine vom Kaiser jedem Beamten und Offizier abverlangte Verpflichtung.

In den vierzig Jahren vor 274 hatten dreißig Kaiser nacheinander oder gleichzeitig regiert, meistens gegeneinander, wenn auch gerade die Soldatenkaiser den Schutz des Reiches gegen äußere Feinde mit wahrer Hingabe betrieben. Die Präfekten der Garde waren vielfach sowohl die Kaisermacher wie die Kaisermörder. Den Purpurmantel erringen hieß noch lange nicht, sich dessen auch über längere Zeit zu erfreuen. Gordian I. und II. wurden schon nach einem Monat gestürzt, Pupienus, Balbinus und Aemilianus nach einem Vierteljahr umgebracht. Am schnellsten freilich ging es mit Marius: Am ersten Tag wurde er zum Kaiser ausgerufen, am zweiten Tag konnte er regieren, am dritten wurde er erschlagen.

Das Schicksal dieser Soldatenkaiser, die entweder selbst Mithrasten waren oder sich ihnen in kameradschaftlichem Geist verbunden fühlten, liefert den historischen Hintergrund, ohne den nicht zu verstehen wäre, warum die Mithrasten enger zusammenrückten und sich durch ihren Glauben in ihrem Handeln bestätigt sahen.

So war es auch bei Decius, der nach zweijähriger Regierungszeit als einziger in der Feldschlacht gegen die Feinde den ehrenvollen Tod des Soldaten und Feldherrn starb. Persönlich hatte er das Kommando übernommen, als die Goten raubend und plündernd über die untere Donau gekommen waren. Durch Verrat des Kommandanten fiel Philippopel in die Hände der Angreifer, die unter Verletzung des gegebenen Wortes die meisten Einwohner niedermachten. Decius suchte 251 dem beutebeladenen Heer der Eindringlinge den Rückweg abzuschneiden, wurde aber in ein Sumpfgebiet abgedrängt und fand den Tod, wenige Stunden nachdem ein Pfeilschuß seinen Sohn und Mitregenten Herennius getroffen hatte.

Gegen die Perser wurde fast ständig Krieg geführt, in dieser Zeit hatte Valerian seit 256 den Oberbefehl gegen Schapur. Aber durch eine List wurde der Römer gefangen und war seitdem verschollen. Der Perserkönig ließ die 70 000 gefangenen Römer seine Überlegenheit spüren. Felsreliefs aus der Nähe von Persepolis zeigen den römischen Kaiser auf den Knien vor dem hoch zu Roß sitzenden Perserkönig. Soweit also hatten die Nachfolger des Augustus es kommen lassen!

Teuerung und Hungertod waren die Folgen des politischen Durcheinanders. Münzverschlechterungen trieben die Preise hoch. Hatte der von Caracalla geschaffene Antoninian – im Wert von eineinhalb Denar – unter Gordian um 240 noch fünfzig Prozent Silber, sank der Silberanteil in den beiden folgenden Jahrzehnten auf drei bis fünf Prozent. Da die Silbermünzen nichts mehr wert waren, forderten die Randstaaten, die vielfach den Schutz der Grenzen des Reiches übernommen hatten, die ihnen zugesagten Hilfsgelder in Gold. Auch kaiserliche Geschenke, z.B. an die Soldaten, wurden grundsätzlich nur in Gold gewährt, was nunmehr auch zu Münzverschlechterungen bei den Goldstücken führte. So folgten Not und Teuerung der allgemeinen Unsicherheit.

Nimmt man den Preisindex unter Antoninus Pius (138–161) mit 100 an, betrug er unter Gallienus (253–268) 180, beim Antritt der Regierung durch Diocletian im Jahr 284 aber 4000. War im Jahr 129 eine Sklavin für 1200

Drachmen zu bekommen, mußte 293 90 000 Drachmen für sie bezahlt werden. 166 war erstmals die Pest in Rom eingeschleppt worden und forderte pro Tag mehr als 2000 Opfer. Unter Decius brach sie erneut aus. Andere Epidemien folgten. Wo es dadurch an Menschen mangelte, sollten Umsiedlungen helfen. Räuberbanden bildeten sich und erhielten Zulauf aus dem kaiserlichen Personal, das schlecht oder überhaupt nicht mehr bezahlt wurde. Eine Bande von 700 Leuten machte Italien zwei Jahre lang unsicher. Auf dem Mittelmeer gab es wieder Piraten, und Handwerker wurden zu Sklaven des Fiskus und verloren ihre Recht auf Freizügigkeit; der Handel geriet in Verfall.

Aurelian versuchte die Übel zu steuern. So verbesserte er mit dem erbeuteten palmyrischen Gold und Silber die Währung, machte die Städte für Brach- oder Ödland verantwortlich, verstaatlichte die Lebensmittelzufuhr und kontrollierte die Großhändler ebenso wie die Reeder. Die Verwaltung des Reiches lag gegen Ende des dritten Jahrhunderts in den Händen einer straff organisierten Bürokratie. So begann das Volk aufzuatmen und akzeptierte *sol invictus* als den himmlischen Schutzpatron des Kaisers wie seiner eigenen Geschicke. Damit hatte sich das kaiserliche Regime zu einem durch Sol-Mithras begründeten religiösen Absolutismus legitimiert.

VII

MITHRAS UND CHRISTUS

Wie die gesellschaftlichen, politischen und wirtschaftlichen Verhältnisse zeigen, war die strahlende Weltmacht Rom alles andere als gesund; auch die Versuche Aurelians, den Niedergang aufzuhalten, hatten keinen durchschlagenden Erfolg. Es waren vielfache Umschichtungsprozesse im Gange, die auf das Geistesleben und auf die religiösen Strömungen einwirkten.

In den dreihundert Jahren, die zwischen dem Prinzipat des Augustus und dem Dominat des Diocletian lagen, wandelte sich das Amt des Kaisers zur Monarchie, deren Repräsentant als »deus et dominus« (Gott und Herr) zugleich ein Gott war. Nach der Eroberung Ägyptens hatten die römischen Kaiser erlebt, wie die göttliche Verehrung, welche man bisher den eigenen Herrschern zollte, nunmehr auf sie überging. Die Pharaonen wurden als lebendige Götter verehrt, als Reinkarnation einer Verbindung des Sonnengottes Re mit dem Königsgott Horus. Den Status, ein Gott zu sein, den sowohl die Achämeniden in Persien als auch die Ptolemäer als Herren des Nillandes beibehielten, konnten aber die auf Selbsterhöhung bedachten Kaiser nach Augustus nicht ohne weiteres übernehmen. Als Caligula und Nero merkten, daß dies den nüchternen Römern zu weit ging, verzichteten sie darauf, sich die ihnen von den Orientalen in ihrer Kanzlei gezollte Anrede eines *deus noster* (unser Gott) als offiziellen Titel zuzulegen: die Vergottung eines regie-

regierenden Kaisers brauchte noch viel Zeit, bis sie sich durchsetzte.

So war es einem Kaiser wie Nero sehr angenehm, daß sich ein König wie Tiridates vor ihm in den Staub warf. Es war die übliche Art der Verehrung, wie die Perser sie ihrem Herrscher darbrachten, denn sie sahen in ihm selbst nicht direkt einen Gott, sondern verehrten in ihm das göttliche Element, das in jedem Menschen als vorhanden angesehen wurde und das als göttlicher Funke einen Teil der Seele bildete. Nur hatte eben die Gnade Ahura Mazdas, ihres obersten Gottes, den Herrschern zum Regierungsamt verholfen. Er wurde durch das Schicksal – Fortuna oder Tyche genannt – zu dieser Stellung ausersehen, das sich im Gang der Gestirne manifestierte und an deren Konstellationen ablesbar war. Das mächtigste Gestirn, die Sonne, verlieh den Sieg. Das war der Grundgedanke des Mithraismus, und deswegen wurde er von den Kaisern, die sich als theokratische Herrscher fühlten, dankbar aufgegriffen. Aurelian war überzeugt, daß er seinen Sieg bei Emesa über Zenobia der Sonne verdankte, weshalb er schließlich auch den *sol invictus* zum Reichsgott erhob.

Die Spätantike brachte manchen geistigen Umbruch und seelische Erschütterungen. Es war keine Zeit der Ruhe, in der es der Mehrzahl der Menschen vergönnt gewesen wäre, ein harmonisches Leben zu führen. Eben deshalb fragten viele nach ihren Glücksmöglichkeiten. Die Entrechteten, Sklaven, Unterdrückten, Entwurzelten mußten sie ins Jenseits verlegen, was den Erlöserreligionen Auftrieb gab. Andererseits sahen besonders die Gebildeten ihr ganz persönliches Heil in einem vernunftgemäßen Leben. Für die Stoiker war dies denn auch das höchstmöglichste Glück.

Die Philosophie der Stoa, durch Zenon um 300 v. Chr. begründet, lebte durch Cicero, durch den ehemaligen Sklaven Epiktet, vor allem aber durch Kaiser Marc Aurel glanzvoll auf. Es sind die stoischen Tugenden des Mutes, der

Unerschütterlichkeit und der Pflichttreue, die dieser kaiserliche Philosoph vorlebte. Er wurde zum Vorbild jener Herrscher, die der Verschwendung, Willkür und Verweichlichung entsagten, Prunk und Bequemlichkeit ablehnten. Eben diese sind auch Merkmale der mithrischen Ethik, so daß die Besinnung auf die stoische Haltung die Annahme des Mithraskultes erleichterte.

Die Stoiker meinten, Triebe und Leidenschaften unterdrücken zu müssen, da sie den Menschen davon abhalten, dem nachzustreben, was die Vernunft gebietet. Nur wer den Zustand der Leidenschaftslosigkeit (griech.: *apatheia*, davon abgeleitet Apathie) erreicht, ist wahrhaft weise. Die Stoiker sahen das menschliche Leben eingeordnet in den größeren Zusammenhang der menschlichen Gemeinschaft, wie sie durch Ehe, Familie und durch den Staat gegeben war; ferner haben alle Menschen als vernunftbegabte Wesen Anteil am göttlichen Weltprinzip. Diese Auffassung wurde ins Politische übertragen, wie Marc Aurel es vorlebte. Aus dieser Haltung stammt der für die Antike neue Gedanke einer echten Humanität. Barbaren und Sklaven, bisher Menschen zweiter Ordnung, galten damals immerhin noch als »redende Werkzeuge«, weshalb sie keine wesentlich andere Behandlung erfuhren als das Vieh, das »Werkzeug mit Stimme« genannt wurde.

Die neue Auffassung der Stoiker erklärt sich aus dem Zusammenhang, den sie zwischen Menschen und Kosmos sahen. So standen sie auch der Astrologie keineswegs ablehnend gegenüber. Die Römer dachten und handelten gern praktisch. Sie akzeptierten die Stoa als eine Tugendlehre, ähnlich der des Konfuzius in China, die auf ihr Wesen zugeschnitten war und die ihnen eine Erziehung ermöglichte, die wenigstens eine gewisse Sicherheit im Dasein verbürgte und einen Weg nach innen eröffnete. Seit das ehemals freie Bürgervolk immer weniger Entscheidungen treffen konnte, welche die öffentlichen Angelegenheiten, also das äußere Leben angingen, wurde der Trend zur Verinnerlichung zunehmend zu einer Abkehr. Der Mensch entdeckte sich selbst. Dabei wurden ihm Probleme deutlich, die es offenbar vordem weniger gegeben hatte. Mochte die stoische Art der Lebensbetrachtung jenen genügen, die sich um die Bewältigung des Alltäglichen mühten, konnte sie den zunehmenden Bedürfnissen nach einem Jenseitsverlangen nicht mehr hinreichend gerecht werden. Deswegen fanden jene Lehren, Kulte oder Religionen Zulauf, die Wege wiesen, die über das Ableben hinausgingen, wie die Mithrasreligion. Zugang konnten auch jene finden, die bisher in der dem römischen Wesen so adäquaten stoischen Haltung geistig wurzelten, denen ein mutiges, pflichtbewußtes, treues und geduldiges, aber auch gerechtes und bruderschaftliches Verhalten eigen war.

Stoa wie Erlösungssehnsucht trugen jede auf ihre Art dazu bei, den mithrischen Gemeinden Zulauf zu verschaffen – aber auch dem Christentum. Seit dem zweiten Jahrhundert wird die Konfrontation des Mithraismus mit dem Christentum sichtbar. Sie war von Anfang an gegeben, obwohl die Zeitgenossen im Christentum kaum etwas anderes gesehen haben können als eine der zahlreichen Mysterienreligionen. Aus dem Abstand von fast zwei Jahrtausenden sieht das freilich etwas anders aus: Unser Blick scheint für die Schwächen wie für die Stärken der Mysterienreligionen geschärft zu sein, doch übersehen wir nur zu leicht, daß uns ganze Epochen von jener Zeit trennen, als der tiefgläubige Myste in die Grube des Mithräums stieg, Gesicht und Brust dem Schlachttier über ihm zugewandt, um sich von dessen Blut benetzen und so von Sünden reinwaschen zu lassen. Ebenso müssen wir uns auch von der Vorstellung freimachen, das damalige Christentum mit dem heutigen vergleichen zu können.

Seit dem Ende des Römischen Reiches wurde es zum bestimmenden Faktor für die abendländische Kultur, erreichte den Rang einer Staatskirche und duldete keine anderen Religionen neben sich. Noch genießt es mindestens im westlichen Abendland den Schutz des Staates und ist durch zahlreiche Tabus gegenüber Kritik oder Verunglimpfung geschützt, doch mischt sich in eine skeptische Haltung vieler Christen Gleichgültigkeit gegenüber ihrem Glauben.

Aber noch sind die Bindungen an christliche Lebensformen unübersehbar, und jeder, auch ein der Kirche Fernstehender, hat bestimmte, festumrissene Vorstellungen vom Christentum, von seinen Forderungen an den einzelnen ebenso wie von seinen Heilsversprechen.

So wenig wie wir den Inhalt des Mithraismus voll begreifen können, kann es uns gelingen, nachzuempfinden, in welchem Maße sich unsere Vorfahren gläubig in Christus geborgen wußten und sich durch fromme Werke und ein christliches Leben der göttlichen Gnade zu versichern suchten. Urchristentum, Gottesdienst in Katakomben, Christenverfolgung und Märtyrertod sind Worthülsen, die wir mit mehr oder weniger phantasievollen Inhalten füllen, wie es auch im Religionsunterricht geschieht. Einige ergänzende Striche mögen den Zeitgeist verdeutlichen, wobei liebgewordene Klischees notgedrungen einige Korrekturen erfahren müssen:

In den ersten Jahren nach dem Ableben der Apostel dürften sich Urchristen und Mithrasten recht neutral gegenübergestanden haben, da die Urchristen in einer viel zu geringen Anzahl und noch dazu über das Land verstreut waren, als daß es Zusammenstöße mit den Anhängern des Mithras hätte geben können, zumal sich diese der Duldung der Cäsaren erfreuten. Das änderte sich gegen Ende des zweiten Jahrhunderts, als sich das Urchristentum zum Frühchristentum gewandelt hatte.

Solange die Christen in der Öffentlichkeit noch keine Rolle spielten, wurden sie von den Römern toleriert. Erst als sie in größerer Zahl auftraten, wurde offenbar, daß sie im

Gegensatz zu den Bekenntnissen anderer Religionen oder Kulte zur weltlichen Macht standen. Kaiser Trajan (98–117) verbot das Christentum, andere Herrscher wieder duldeten es. So lag es nicht zuletzt an der Unsicherheit ihrer äußeren Stellung, daß sich die ersten Christen enger zusammenschlossen. Sie fühlten sich ganz als Auserwählte, als das wahre Gottesvolk, als die Gemeinde der Endzeit und ihr frommer Wunsch »Vergehen möge die Welt und kommen die Gnade«, wurde zum dringlichen Gebet.

Zeitweise profitierten sie durch die humane Einstellung, welche Kaiser wie Hadrian (117–138), Antoninus Pius (138–161) und Marc Aurel (161–180) an den Tag legten, die drückende soziale Noständе durch Gesetze oder Stiftungen milderten. Der stoische Geist dieser Herrscher blieb nicht ohne Einfluß auf das gesamte religiöse Leben im Reich. Erst der Cäsarenwahnsinn der Nachfolger, deren zügellose Gewaltherrschaft und die seit Caracalla (211–217) geübte Darstellung des Kaisers als Gott lieferten religiösen Zündstoff.

Dies ist die Periode, in der Mithras aufgewertet wird und sein Kult den eigentlichen Durchbruch erzielt. Im Palast des Kaisers brannte eine Ewige Flamme, die bei feierlichen Veranstaltungen vor ihm hergetragen wurde, sichtbares Zeichen, daß das Feuer gesiegt hatte. Wer die Strahlenkrone trug, glich der Sonne, dem Zentralgestirn, dem hellen Gott.

Da war es nicht mehr weit zur Apotheose, der Erhebung des Kaisers zum Gott. Dank der verbreiteten Lehre der Astrologie gewann das einfache Volk die Vorstellung, daß der vergöttlichte Kaiser in einem verwandtschaftlichen Verhältnis zur Sonne stünde, da sie seit jeher als das königliche Gestirn galt; wer in besonderer Beziehung zu ihr stand, mußte auch zum Herrscheramt bestimmt sein. Wenn die Seele bei ihrem Niedersteigen auf die Erde durch die Planetensphären von jedem Planeten Teile annahm, mußte der Kaiser geradezu eine Inkarnation des sonnigen Wesens darstellen, und es war nur logisch, daß die Seele nach dem Tode des Herrschers von dieser Erde wieder in den Himmel zurückkehren würde. Ein solches Schicksal aber teilte der Kaiser dann auch mit Mithras, der von Helios zum Himmel zurückgeführt wurde. Auf die Christen mußte eine Apotheose allerdings wie eine Gotteslästerung wirken.

Da sich die Christen meistens im geheimen trafen, erregten sie nicht nur das Mißtrauen der Behörden, sondern auch des Volkes. Um den Angriffen aus dem heidnischen Lager zu begegnen, traten die Apologeten auf, wortgewandte Glaubensstreiter, die sich einerseits darum bemühten, den positiven Charakter des Christentums nachzuweisen, andererseits aber gegen die heidnischen Kulte wie gegen die Juden vorgingen. Abgesehen von religiös begründeten Gegensätzen zu den Juden waren die Christen darüber aufgebracht, daß diese die Göttlichkeit des Herrschers anerkannten. Allerdings hatte Rom die Weigerung der Juden hingenommen, einen Eid auf die Göttlichkeit der Cäsaren zu leisten und an deren öffentlicher Verehrung teilzunehmen, was diese ihrem geschlossenen Siedlungsgebiet verdankten.

Das Christentum brauchte sich nicht mehr mit den alten römischen Glaubensvorstellungen auseinanderzusetzen, denn diese waren abgestorben. Es sah vielmehr in den Mysterienkulten seine Hauptfeindc, denn in diesen pulsierte religiöses Leben. Die Mysterien wiesen andere Wege zur ewigen Seligkeit als die christlichen Apologeten billigen konnten. Sie warfen den Mithrasten vor, Menschen zu opfern, was durch keinen einzigen Fund tatsächlich belegt werden konnte. Andererseits wurden die Christen verunglimpft, indem man von sexuellen Ausschweifungen bei ihren Gottesdiensten sprach. Jeder Kult, auch das Christentum, war bestrebt, soviel wie möglich vom Glaubensinhalt oder den Riten geheimzuhalten. Mißverständnisse und Unterstellungen waren die Folge. Da aber belegt ist, daß auf beiden Seiten edle und moralisch unanfechtbare Personen ihre religiöse Heimat hatten, konnte dies die beiderseits erhobenen Vorwürfe entkräften. Die Kirchenväter mögen das gleiche gedacht haben wie ein Laie unserer Tage, wenn er Mysterienkulte wie die Mithrasreligion mit dem Christentum vergleicht. Es gibt eine Fülle von Ähnlichkeiten, was die christlichen Apologeten damals veranlaßte, vom Teufel als dem »Affen Gottes« zu sprechen: Durch die Mysterien äffte er Gottes Geheimnisse nach.

In der Zeit, in der sich das Christentum formierte und Anhänger gewann, also zwischen dem zweiten bis vierten Jahrhundert, wuchs zugleich auch die Begeisterung für die Mysterien, sei es für die des Mithras oder für den Isis- oder Kybeledienst. Ihnen ist gemeinsam, daß sie Stimmung und Geist des Menschen auf neue Art ansprachen. Sie verbanden sich mit Psychologie und östlicher Naturmystik und enthielten den Dualismus zwischen Licht und Finsternis. Damit klärten sich die Fronten zu den Christen, denen die Zeiten der Verfolgung offensichtlich nichts anhaben konnten.

Meinung stand gegen Meinung. Justinus der Märtyrer (um 150) führt in seiner Apologie u.a. aus, daß Christen, die Verbrechen begehen, dadurch beweisen, daß sie eigentlich Nichtchristen sind, sie seien Häretiker. Andererseits kommt er zu dem Schluß: »Was irgendwo richtig gesagt worden ist, gehört uns Christen zu.« Gegen Apologeten, wie sie die christlichen Glaubensstreiter Irenäus und Tertullian waren, traten heidnische Bekenner wie Celsus auf, ein Philosoph aus der Epoche Marc Aurels. Er kannte die Bibel wie die einschlägigen christlichen Schriften genau und setzte sich Punkt für Punkt mit den Argumenten der Apologeten auseinander: »Die Apologeten sehen in den Wundern von Jesus und seinen Jüngern Beweise für dessen Göttlichkeit. Warum aber sollen die gleichartigen Taten von Heiden Satanswerk sein? Und die Propheten des Alten Testaments werden als Seher bezeichnet, die Gott erleuchtet habe, die des delphischen Orakels seien verachtenswerte Schwindler. Man hat nicht zu fragen, ob etwas vorausgesagt ist oder nicht, sondern ob die Sache Gottes würdig und schön ist. Was schändlich und schlecht ist, soll man nicht glauben, und wenn es alle Menschen in heiligem Wahnsinn voraussagten.«

Celsus verweist auf Widersprüche zwischen Bergpredigt und dem Gesetz Moses: Die Auferstehung Jesu ist Kern und Stern des Christenglaubens; die gleichen Berichte über Herakles und andere sollen Fabeleien sein. Wäre übrigens der Auferstandene nur einmal einem Nichtgläubigen erschienen! Auf seinen Anhang unter Sklaven, Weibern und Ungebildeten tut sich das Christentum viel zugute, als ob Bildung der Gotterkenntnis hinderlich wäre. Andere Religionen machen Gerechtigkeit und Reinheit zur Bedingung ihrer Weihen, das Christentum hat eine perverse Liebe zu den Sündern. Ebenso unmöglich wie widerwärtig ist der Glaube an die Auferstehung des Fleisches. Niemand macht die Bilder von Stein und Metall zu Göttern; der hochmütigen Belehrung durch die Christen bedarf es nicht. Andererseits soll es fromm sein und kein Götzendienst, das göttliche Wesen in mancherlei Kräften und Boten zu ehren. Wie verträgt sich die göttliche Verehrung Jesu mit dem sonst so exklusiven Monotheismus ihrer Bekenner?[9]

Es blieb nicht bei Wortgefechten. Schon unter Nero und Domitian kam es zu gelegentlichen Christenverfolgungen, die schließlich im dritten Jahrhundert planmäßig mit dem Ziel der völligen Ausrottung der Christen durchgeführt wurden. 249 veranlaßte Kaiser Decius solche, Valerian nahm sie 257 auf und unter Diocletian 303 waren sie besonders schwer. Wer den Kaiserkult verweigerte, mußte »vor die Löwen«. Wer dem Kaiser das Opfer brachte, rettete zwar sein Leben, wurde aber nunmehr von der Kirche ausgeschlossen, ohne die Möglichkeit zu haben, Buße tun zu können. Der Glaubenseifer wurde durch die Meinung gestärkt, daß die Seelen der Abgeschiedenen im allgemeinen der Auferstehung am Jüngsten Tag harren müssen, während dagegen Märtyrer sofort des Paradieses teilhaftig würden.

Von Gemeinde zu Gemeinde zirkulierten Abschriften von Gerichtsverhandlungen oder Berichte von Gemeinden, deren Mitglieder verfolgt wurden. Sie wurden in den Versammlungen der Gläubigen verlesen und waren bereits entsprechend formuliert, denn sie sollten der Erbauung dienen. So wurde eine Flut unechter und gefälschter Märtyrerakten verbreitet, welche die Grundlage für den späteren Reliquienkult abgaben.

Das Ergebnis der Verfolgungen war, daß jeder Märtyrer zum Propagandisten seines Glaubens wurde und daß die von ihm vertretene Überzeugung neue Beispiele gab. So konnte Origenes feststellen, daß Christus stärker sei als der Kaiser und seine Beamten, als Senat und Volk in Rom, denn die Stellung der christlichen Gemeinden hatte sich gefestigt, ihre eifrige Missionstätigkeit Früchte getragen. Der Kelch des Leidens war freilich stets präsent, vor allem seit die illyrischen Kaiser, welche die Severer abgelöst hatten, sich auf den Boden der alten Religion stellten, welche durch die Opfer für die Götter des Staates und für den Kaiser gekennzeichnet war. Immer häufiger kam es zu Kriegen und Hungersnöten, die den einfachen Menschen zunehmend zu schaffen machten. Da mußten die Christen als Sündenbock herhalten. Man machte sie dafür verantwortlich, daß Götter Leiden wie die Pest schickten, und schloß sich enger um den Kaiser, in dem die Mehrheit der Bevölkerung ihren Retter sah. In solchen Situationen geriet das Christentum in Bedrängnis, denn Decius zwang die Bevölkerung, Farbe zu bekennen. Er erließ den Befehl, daß alle Bewohner des Reiches, Männer, Frauen und Kinder, Freie wie Sklaven, Opfer darzubringen hätten. Kommissionen wurden eingesetzt, um über den Vollzug zu wachen.

VIII
DER VERGLEICH DER RELIGIONEN

In den Zeiten einer solchen Frontstellung verwiesen Christen wie Heiden besonders laut auf Ähnlichkeiten oder Parallelen in ihren Riten oder religiösen Einrichtungen. Es ist verständlich, daß z.B. die christliche Taufe durchaus den Eindruck einer Mysterienfeier erweckte, was allein schon durch den äußeren Rahmen, den Lichterglanz in der nächtlichen Kirche, erzielt wurde; es schien nicht anders als bei den Mithrasten zu sein. Auch der christliche Täufling wurde schrittweise in die Geheimnisse seiner Religion eingewiesen, worauf er voller Spannung wartete. Über den sakralen Handlungen, die in der Vorhalle der Kirche mit ihm oder an ihm vollzogen wurden, lag der Schleier des Geheimnisses. Auch die feierliche Lichterprozession in das festlich geschmückte Gotteshaus mußte eine ähnlich weihevolle Stimmung erzeugt haben, wie sie von den Isis- oder Mithrasmysterien her bekannt ist.

Bevor sich das Ritual des christlichen Abendmahls vollziehen konnte, prüfte der Diakon die Teilnehmer, dann ließ er die Türen schließen und bewachen. Der wesentlichste Teil der Kirche, die Apsis, wo das Allerheiligste geschieht, entsprach in ihrer Form dem Teil der Mysterientempel, wo die Götterbilder standen. Vorhänge oder Trennvorrichtungen schieden die Götter wie den christlichen Altarraum ab. In den ersten christlichen Jahrhunderten spielte die Frage noch keine Rolle, ob man sich die Beziehungen zwischen Brot und Wein und Leib und Blut Christi realistisch oder nur symbolisch zu denken habe. Zwar ist von einer »geistigen Speisung« die Rede, doch es wurde sorgfältig vermieden, geweihtes Brot zu bröckeln oder geweihten Wein zu vergießen.

Wie bekannt, wurden beim gemeinsamen feierlichen Mahl im Mithräum die Opfertiere verzehrt. Diese gemeinschaftliche Weihehandlung schloß die Bruderschaft zusammen. Derartiges Gemeinschaftsdenken und -handeln war auch in der Urkirche anzutreffen und hat sich in der Folgezeit an die Mahle zum Gedächtnis Verstorbener oder am Tage ihrer Grablegung erhalten. Die Christen des frühen 2. Jahrhunderts sahen es als eine ganz wesentliche Heilstatsache an, daß Christus im Abendmahl Mensch wird und daß sie durch den Genuß seines Leibes vergottet werden. Die Hostie, welche die göttliche Energie enthält, vermag Wunder zu wirken. Nach der Legende rettete sie etwa den Bruder des Gregor von Nazians aus dem Sturm des Meeres, doch andere, die sich als Frevler dem Altar nahten, wurden getötet.

In den Auseinandersetzungen zwischen den heidnischen Kulten und dem Christentum im vierten Jahrhundert erwies sich letzteres im Gehalt an Mysterien jenen mindestens ebenbürtig. So verlor Jesus immer mehr den Charakter einer geschichtlichen Gestalt und wurde zum himmlischen Christus. Sein irdisches Dasein, das durch den Opfertod die Krönung erfuhr, erweckte im Gläubigen die Aussicht, dereinst des Gottes teilhaftig zu werden. Wer an Christus glaubte, erlebte in der Messe das Mysterium des Sterbens und der Auferstehung. Wer nicht getauft war, blieb ausgeschlossen, konnte nicht dem tiefsinnigen Schauspiel beiwohnen, das durch den eindrucksvollen Ablauf des ästhetischen Rituals den Gläubigen beeindruckte und zur Frömmigkeit hinführte. Gerade dieses Ausgeschlossensein des noch nicht Getauften erweckte in ihm das glühende Verlangen, in die

Geheimnisse einzudringen. Gar nicht anders erging es dem Novizen des Mithraskultes, der sehnsüchtig die Tage bis zu seiner Weihe zählte. Von ebensolchem ahnungsvollem Schaudern erfüllt, fand sich der Christ bereit, sich dem Ritual zu unterziehen, und verbrachte Tage und Wochen mit der Vorbereitung auf den heiligen Taufakt, z.B. durch strenges Fasten, was auch den Verzicht auf den Geschlechtsverkehr einschloß, um in die Geheimnisse seines Glaubens eindringen zu können.

Manche Regeln heidnischer Kathartik, d.h. der kultischen äußeren und inneren Reinigung, lassen sich aus unserer heutigen Sicht als sinnvolle Hygienevorschriften auffassen. Selbstverständlich aber kam ihnen auch eine mystische Bedeutung zu, ohne daß in jedem Fall zu sagen wäre, wo der Übergang liegt. Manche Gebräuche sind aus dem Alltag erwachsen und waren Gemeingut weiter Volkskreise. Daher hatten sie sich auch mit Zähigkeit erhalten und konnten ohne Schwierigkeiten christlich umgebildet werden. Im zweiten Jahrhundert war es üblich, daß sich die Christen vor dem Gebet die Hände wuschen und das Oberkleid ablegten. Tertullian nannte so etwas einen sinnlosen Aberglauben, durch den sich die Christen mit den Heiden gleichstellten.

Die rituellen Reinigungsvorschriften berührten auch den sexuellen Bereich. So war ein Bad erforderlich, um die durch den sexuellen Verkehr bedingte Unreinheit aufzuheben. In verschiedenen Mysterienkulten war die Teilnahme an den Feierlichkeiten erst nach mehrtägiger geschlechtlicher Enthaltsamkeit erlaubt. Schwangere galten während der ersten vierzig Tage als unrein, Wöchnerinnen dagegen vierzig Tage nach der Geburt. Unrein war auch alles, was die Wöchnerin berührt hatte, ebenfalls der Ort, an dem die Geburt erfolgte. Von dieser bei den Heiden anzutreffenden Vorstellung ist manches in die Kirchenordnungen eingeflossen. Zeitgenössische Kleriker fordern, sich nach vollzogenem Geschlechtsverkehr zu baden, bevor man die Kirche betritt, und der

Teilnahme an einer Abendmahlsfeier mußte eine mehrtägige sexuelle Enthaltung vorausgehen. In der griechischen Kirche wurde die Sitte zum Gesetz erhoben, daß menstruierende Frauen weder die Kirche betreten dürfen, noch zum Abendmahl zugelassen werden. Auch eine Wöchnerin fand in die Kirche keinen Einlaß. Sie galt zwanzig Tage nach der Geburt eines Knaben und vierzig Tage nach der Geburt eines Mädchens als unrein. Hippolyt erhöhte die Anzahl der unreinen Tage auf vierzig oder 80, und erst nach dieser Zeit durfte die Wöchnerin nach einem Reinigungsbade mit dem Kinde feierlich zur Kirche gehen, um vom Priester gesegnet zu werden.

Als unrein galten auch jene Orte, in denen ein Todesfall geschehen war oder eine Gewalttat stattgefunden hatte. Der verdorbene Ort mußte mit Salzwasser besprengt oder durch Schwefel ausgeräuchert werden. Solche Bräuche wurden vielfach christlich umgebildet. Bekannt ist das Besprengen von Häusern, Feldern oder Weinbergen mit Weihwasser. Auch die kirchlichen Bittgänge stellen vielfach eine Umwandlung heidnischer Sühnefeiern dar, deren Charakter und Ritus sie vielfach beibehalten haben. Ein Beispiel dafür sind die in Rom an jedem 25. April begangenen Bittgänge für das Gedeihen der Saaten, welche die Tradition heidnischer Sühnegänge fortsetzt. In anderen Gegenden unternahm man sie zu anderen Zeiten. Die Lichterprozession der *luminaria* wurde am 2. Februar, dem Tag von Mariä Reinigung, durchgeführt. Ursprünglich unternahmen an diesem Termin alle Einwohner mit einer brennenden Fackel einen Bittgang, um die Stadt zu entsühnen. Auch das Äußere entsprang dem heidnischen Urbild, denn angetan im schwarzen Büßergewand und ohne Schuhe zogen die Gläubigen durch die Stadt zur Kirche. Sie hatten gefastet und streuten geweihte Asche und Wasser auf ihre Häupter. An die Stelle von Fackeln traten später Kerzen, die von der Kirche an die Gläubigen ausgegeben wurden.

Was die Übereinstimmung mit den Mysterien angeht, trat die Kirche in einigen Fällen ganz gewiß heidnisches Erbe an, wie in der Übernahme des 25. Dezember, des *dies sol invictus*, als Weihnachtstag. Aber auch der kirchliche Ritus bildete sich nach bereits vorhandenen Ausdrucksformen weiter, was auf die Mysterienreligionen ebenso zutraf wie auf das Christentum. Die geistige Kultur der ausgehenden Antike erwies sich als komplex. Es ist nicht möglich, die von verschiedenen Seiten aufeinander sich vollziehenden Einwirkungen zu trennen oder herauszufinden, wie stark der gegenseitige Einfluß der verschiedenen geistigen Strömungen war. Daß die Zeitgenossen dies anders sahen, kann man ihnen nicht zum Vorwurf machen.

Solange die Kaiser sich zum Heidentum bekannten, mochten sich die Christen nicht zu einer Kooperation bereit finden. Dagegen schlossen sich die Vertreter der heidnischen Kulte häufig zusammen, was für die Bruderschaften der Mithrasten unerläßlich war, da ja nur Männer zu ihnen Zugang hatten. Sie traten für die Gemeinschaft mit den betont weiblich-mütterlichen Kulten wie denjenigen von Kybele und Isis ein. Die altrömische Religion, welche einst die moralischen Tugenden wie die sittlichen Kräfte des Volkes ausgebildet hatte, wurde zunehmend erschüttert, wozu die von den Philosophen Cicero, Seneca oder Epiktet geübte Kritik an den Mythen beigetragen hatte. War einst die altrömische Religion die Klammer für die geistige und politische Einheit gewesen, trat nunmehr wesentlich der Mithraismus als ein religiös-militärischer Orden an deren Stelle.

Zunehmend verlangten Menschen eine Antwort auf die Frage, wie es denn nach dem Tode weiterginge. Gibt es ein neues Leben? Wie steht es mit der Verwandlung der Seele, die doch mit Sünden befleckt ist und die sich reinigen muß? Wie hat man sich die Erlösung vorzustellen? Christentum wie Mysterienreligionen verkündeten ihren Gläubigen ihre

Versionen: Die Verfechter beider Seiten griffen zur Polemik, stellten die Lehren der Gegner verzerrt dar oder verleumdeten sie, obwohl die strikte Geheimhaltung es gar nicht möglich machte, Genaues vom anderen zu wissen.

Ein Unterschied ergab sich aus der Stellung zum Bösen in der Welt. Nach christlicher Auffassung leitet es sich aus dem Fall Adams her, welcher der Versuchung nicht widerstand. Somit konnte das Christentum eine selbständige Ethik entwickeln, da ja das Böse nicht als ursprünglich vorhanden und von Natur gegeben angenommen wurde wie beim Mithraismus, der von der Lehre Zarathustras beeinflußt, das Böse durch Ahriman und seine Dämonen verkörpert und damit in der Gegnerschaft zu Ahura Mazda sah. Und doch gibt es auch hier Gemeinsamkeiten. Wir finden Christus im Kampf gegen finstere Dämonen und denken unwillkürlich an die Versuche von Ahrimans Scharen, Ahura Mazda zu schaden.

Ein synkretistischer (vermischender) Zug des Christentums ist die unverkennbar auffallende Ähnlichkeit vom Gedanken eines sterbenden und wiederauferstehenden Gottes, wie es ihn auch in den Mysterienkulten gibt, allerdings nicht in der Mithrasreligion, wo ja nicht Mithras stirbt, sondern der Stier, wenn dieser auch die Kraft hat, Pflanzen und Tiere durch sein Blut zu schaffen.

Die Parallelen sind zahlreich. Das heilige Mahl der Mithrasten findet seine Entsprechung im christlichen Abendmahl, das nicht nur eine leibliche Stärkung ist; denn wer Brot und Wein zu sich nimmt, eignet sich Christi Lebenskraft an. Es ist daher ebensowenig gleichgültig, was man genießt und wie man es tut. Solche Gedanken führen in mystische Bereiche. Das frühe Christentum gewann nicht zuletzt dadurch seinen Einfluß auf die Massen, daß es mit seinen Riten und Weihen durchaus ähnliche Vorgänge wie die Mysterienreligionen anbot. Ja, das Christentum wurde zum größten Mysterium schlechthin. Für die Taufe wird

Wasser exorzisiert: Es wird gereinigt, von bösen Geistern befreit, geheiligt. Auch die Vorstellung, daß sich weißer Wein in rotes Blut Christi verwandelt, mußte von den Menschen im dritten und vierten Jahrhundert als ein mystisches Erlebnis aufgefaßt werden. Gerade weil Apologeten wie Justinus und Tertullian behaupteten, daß die Mysterienbräuche eine teuflische Nachäffung christlicher Riten seien, machten sie deutlich, wie nahe verwandt die geistigen-religiösen Strömungen der Zeit waren, die in mystischen Äußerlichkeiten mündeten. Heiden wie Christen bezichtigten sich, Riten und Gebräuche voneinander übernommen zu haben. Dabei wird übersehen, daß Mysterienreligionen wie das Christentum vielfach gemeinsame Wurzeln haben. Das Christentum stammt aus dem Judentum, das durch die Babylonische Gefangenschaft entscheidende Impulse erhalten hatte. Es sind dieselbe Landschaft und dieselben Verhältnisse, die ihrerseits auch den Mithraskult geprägt haben. So brauchen wir uns nicht zu wundern, wenn sich Riten und Weihen bei Heiden und Christen ähnlich vollzogen haben.

Eine deutliche Parallele finden wir zwischen der christlichen Taufe und den entsprechenden Initiationsriten der Mysterien. Tertullian, der sich z.B. über die geheimen Gebräuche des Mithraskultes recht genau orientiert zeigte und auch über die anderen Mysterienreligionen Bescheid wußte, stellte die zu seiner Zeit vollzogene christliche Taufe als eine recht einfache Handlung dar, im Gegensatz zum komplizierten und z.T. pompösen Ritual der Mysterien. Aber nach und nach erweiterte sich der christliche Taufakt zu einem ganzen Komplex sakraler Riten, die in ihrer Bedeutung immer selbständiger wurden. So war es im vierten Jahrhundert im griechischen Ritual bereits üblich, daß der Priester dem Taufkandidaten den Gürtel löste, ihm die Kleider und Schuhe auszog, so daß dieser nur mit dem Untergewand bekleidet, ungegürtet, barhäuptig und ohne Schuhe mit Blick nach Osten hingestellt wurde. Dann sprach der Priester die Formel zur Beschwörung der Dämonen. Wenn der Täufling in das Taufbecken stieg, durfte er keinerlei Schmuck an sich haben, und das Haar der Frauen mußte aufgelöst und durfte nicht zu einem Knoten zusammengebunden sein. Nach dem Kirchenlehrer Cyrill von Jerusalem (315–386) mußte der Taufkandidat beim Exorzismus das Haupt verhüllen: »Verhüllt ist dein Antlitz, damit hinfort deine Seele gesammelt sei, damit dein umherschweifender Blick nicht auch das Herz ausschweifend mache. Während dir aber die Augen verhüllt sind, hindert die Ohren nichts, das Heilswort zu vernehmen.«

Das Verhüllen des Hauptes wie das Ablegen der Kleider und Schuhe findet sich aber auch bei den kultischen Reinigungen in den Mysterien. Es gibt Darstellungen, auf denen der Myste nackt in kniender Stellung oder leicht bekleidet sein Opfer darbringt. Vielfach ist es üblich, die Einweihung in einen Mysterienkult barfuß zu vollziehen. Ohne Schuhwerk erfolgen aber auch Prozessionen, z. B. Bittgänge wegen Mißwuchs, die davon den Namen Nudipedalia trugen. Die Sitte des Anblasens bei der Beschwörung wurde von christlichen wie heidnischen Exorzisten gleichermaßen ausgeübt.

Solche Gemeinsamkeiten mochten die Mysten bei den Christen besonders verhaßt gemacht haben, doch konnte das Christentum nicht auf magische Riten verzichten, weil sie im Zeitverständnis der Menschen eine zu große Rolle spielten. In der Antike war es üblich, Götterstatuen oder heilige Steine zu salben. Firmicus Maternus berichtete von einer Salbung im Rahmen einer Mysterienfeier. Auch bei magischen Exorzismen wurde gesalbt.

In der alten Kirche herrschte keine Einigkeit, wie der Ritus der Salbung bei der eigentlichen Tauffeier zu erklären sei. Während das Wasser bei der Taufe die Sünde abwusch, sollte der Heilige Geist sich dem Täufling durch die Salbung mitteilen, besonders nach den im Orient vertretenen Auffassungen. Im Abendland war dagegen der Brauch des Handauflegens wichtig. Die Sitte, den Täufling vor der eigentlichen Taufe zu ölen, muß es schon in frühester Zeit gegeben haben. Sie könnte in den damaligen Badegewohnheiten wurzeln, nach denen man sich nicht nur nach dem Bade mit Öl salbte, sondern auch schon zuvor.

Dem Speichel maß man in der Antike besondere reinigende Kräfte bei, weshalb dieser auch in verschiedenen Mysterienbräuchen in diesem Sinne verwendet wurde. Wenn der taufende christliche Priester Ohren und Nase des Täuflings mit Speichel berührte, kann dies seine Ursache in den alten heidnischen Bräuchen gehabt haben.

Im vierten Jahrhundert wurde es Sitte, den gesalbten Täufling in ein weißes Leinengewand zu kleiden. Während der Osterwoche wurde es dauernd getragen, bevor man es in einem feierlichen Akt wieder ablegte. Den reinen, weißen Gewändern wurden schon in Athen besondere Bedeutung beigemessen. Es wurde solange getragen, bis es unbrauchbar geworden war und bis man es als Weihegabe im Tempel darbrachte. Auch der Mithrasgläubige, der in der Opfergrube sich mit Blut benetzen ließ, trug dieses Gewand weiter, um dadurch die Kraft des Weiheaktes aufrecht zu erhalten. Später symbolisierten andere Gewänder besondere zeitliche Hüllen. Wenn auch neutestamentliche Gedanken ausdrükken, daß bei der Taufe das Anziehen eines neuen Gewandes symbolisch für den Wandel zu einem neuen Menschen steht, finden sich doch gerade hinsichtlich der Kleidungsgebräuche Parallelen zu heidnischen Kulten und Religionen, die nicht zu übersehen sind. In den Mysterien wurden die Einzuweihenden bekränzt. Es fanden sich aber auch Stirnbinden, wie sie im Altertum von Priestern getragen wurden. Als Christmal diente die Kopfbinde zum Auffangen des Salböls, sie konnte aber auch einen besonderen Akt der Weihe ausdrücken. Dem Feuer wurde reinigende Kraft zugeschrieben, es war sakral das wichtigste Element: Fackeln symbolisierten das Feuer bei den Mysterienfeiern des Mithras wie bei den Isisprozessionen. Auch die christliche Kirche konnte nicht auf den Gebrauch von Fackeln, in späterer Zeit auf brennende Kerzen, verzichten, die bei Prozessionen in der Hand getragen wurden, wenn die Neugetauften in die Kirche und damit in die Gemeinde einzogen.

Als ein letztes Beispiel sei der Honig erwähnt, der bei den mithrischen Einweihungen eine große Rolle spielte, doch fanden Milch und Honig auch Eingang in das christliche Brauchtum: Tertullian und Clemens v. Alexandrien wiesen auf die Sitte hin, dem Neugetauften eine Mischung von Milch und Honig darzureichen.

Man sollte meinen, daß die Gegnerschaft zwischen den Christen und Mithrasten damals, als die Christen noch verfolgt wurden, besonders deutlich sichtbar geworden wäre. Dafür gibt es jedoch keine Hinweise. Einmal mag dies daran liegen, daß es für Christen eine ausgemachte Sache war, in Mithrasbekennern ihre Feinde zu sehen, da sich diese ja voll mit dem heidnischen Staat identifizierten und den Kaiserkult billigten, wie andererseits sich die Kaiser auf die Gesinnungstreue der Mithrasten verließen. Die großen Verfolgungen unter Diocletian beweisen dies.

Gerade damals erlebte der Mithraismus seine Hochblüte, in einer Zeit also, in der es so schwer wie nie zuvor war, die nach Bevölkerung und Wirtschaftsstruktur unterschiedlichen Teile des Reiches zusammenhalten. Obwohl keine direkten Beweise dafür vorliegen, daß es eine Art mithrischen Papst gegeben haben könnte, muß man annehmen, daß Rom eine Art geistiges Oberzentrum war, von dem Direktiven ausgingen, welche die Politik des Kaisers förderten und den Gemeinden ein Verhalten vorschrieben, das die integrierende Kraft des Glaubens an Mithras in den Dienst der kaiserlichen Sache stellte.

Die Mithrasten lebten in ihren lokalen Bruderschaften in engem und kameradschaftlichem Kontakt, was nicht nur bei militärischen Aktionen von Vorteil gewesen sein mußte, sondern auch die Verbindung der Offiziere zu allen Bevölkerungsschichten und damit wahrscheinlich ein Vertrauensverhältnis zueinander zustande brachte, das den Rahmen einer lockeren Kasino-Verbindung durchaus überstieg. Es war die durch heilige Eide bekräftigte Kampfgemeinschaft für Mithras, die sich gegen dessen Feinde richtete und für seine Freunde wirksam werden mußte, also auch für den Kaiser, der Mithras verehrte. Der Kern des Offizierskorps war gut mithrisch gesinnt. Wenn es also lapidar heißt, die »Heiden« hätten die Christen verfolgt, haben wir darunter in erster Linie die Mithrasten zu verstehen, die aus Gründen der Staatsräson gegen die Christen waren, weil diese von ihnen zwangsläufig als Staatsfeinde angesehen werden mußten. Religiöse Gründe kommen für die Gegnerschaft wahrscheinlich weniger in Betracht, denn es ist bekannt, daß die Mysterienkulte einander keine Konkurrenz machten, und das Christentum ähnelte ihnen in mehr als nur einer Hinsicht. Allerdings ist nicht vorstellbar, daß ein Christ sich auch hätte zu Mithras bekennen können. Das christliche Glaubensbekenntnis schloß dies völlig aus. So lag das Unvermögen, sich einer anderen Religionsgemeinschaft zu eröffnen, auf Seiten der Christen, was es ihnen erschwerte, gegen andere Glaubensbekenntnisse tolerant zu sein. Bei einer solchen Beurteilung müssen wir uns davor hüten, von modernen Verhaltensweisen auszugehen.

IX

DIE FRONTEN BAUEN SICH AUF

Der Beginn des vierten Jahrhunderts sollte für die Christen die schwersten und nachhaltigsten aller Verfolgungen bringen. Ihr Verlauf zeigt, wie auf beiden Seiten der Fanatismus eskalierte. Auf der einen Seite war die Habgier: nur dürftig als religiöses Anliegen kaschiert. Häufig war es offenkundig, daß es den Verfolgern weniger um die Vernichtung des Glaubens an Christus ging, als um das Vermögen seiner Anhänger. Auf der anderen begegneten die Verfolgten den Nachstellungen und Quälereien keineswegs mit Verhaltensweisen, die erkennen ließen, daß es ihnen darauf ankam, die eigene Haut zu retten; denn das war ziemlich leicht möglich. Vielfach steigerten sich die Verfolgten in eine geradezu hysterische Märtyrerlust hinein.

Wie in den Zeiten der vorausgegangenen Christenverfolgungen sorgte kirchliche Erbauungsliteratur für den rechten Widerstandsgeist. Es zeigte sich schließlich, daß der heidnische Kaiser zwar Macht ausüben konnte, daß er dem Christentum als einem Staat im Staate jedoch nicht mehr gewachsen war. Aus der Rückschau von mehr als eineinhalb Jahrtausenden sehen wir deutlicher, als es den damaligen Zeitgenossen bewußt gewesen sein mag, wie das Römerreich im dritten und vierten Jahrhundert verfiel. Die Legionen, der unerläßliche Schutz und Schirm des Landes, setzten sich immer zahlreicher aus fremden Söldnern zusammen. Die Zeiten wirtschaftlicher Konsolidierung blieben Episoden.

Rechtliches Denken, einstmals der Stolz Roms und seine Zierde, kamen außer Kurs.

Unter den Diktatoren beendeten Giftbecher oder Dolch die Konflikte und schufen Klarheit in den verwirrenden Machtverhältnissen. Es schien das Schicksal der Soldatenkaiser zu sein, ein jähes Ende zu finden. Wer die Macht behalten wollte, mußte in diesen Jahrhunderten der Instabilität vor allem das weitere Aufweichen der Verhältnisse verhindern. Erste Voraussetzung dazu war Wachsamkeit gegen die inneren Feinde. Für einen Kaiser waren das zwangsläufig diejenigen, die sich durch ihre Einstellung gegenüber dem Staat wie durch die persönliche Lebensführung von den anderen unterschieden.

Um die Wende des dritten zum vierten Jahrhundert, also zur Regierungszeit des Kaisers Diocletian (284–305), hatte sich die christliche Kirche nicht nur organisatorisch stark gefestigt. Die bischöfliche Organisation funktionierte ausgezeichnet. Die geistlichen Oberhirten sorgten durch einen gezielten Informationsfluß für den Zusammenhalt der Gemeinden. Außerdem war in den Glaubensangelegenheiten eine gewisse Ruhe eingekehrt. Man hatte mit den Häretikern aufgeräumt, den Wildwuchs am Stamm der Kirche entfernt. Wer Christ war, konnte es sich nun als Ehre anrechnen, dieser Glaubensgemeinschaft anzugehören.

Inmitten einer durch Wirtschaftskrisen und Geldverfall, aber auch von einer durch Verwahrlosung der Sitten gekennzeichneten Umwelt, in einem Staat, der die fortwährenden Intrigen seiner jeweiligen Herrscher zu verkraften hatte, stachen die Christen ab. Auf sie richteten sich die Augen der gnadenlosen Steuereintreiber, die den kostspieligen Hofstaat und die Legionen zu finanzieren hatten, denn die von Christen geführten Güter warfen hohe Erträge ab. Weil sie ihre Sklaven anständig behandelten, waren diese auch eher zur Arbeit bereit. Beispielhaft war die kirchliche Armenpflege, ebenso die Sorge für Witwen, Waisen und Kranke. Als

Handwerker brachten es die Christen sehr häufig zu Wohlstand, bekleideten aber auch Beamtenstellen im Staat, die sie sorgfältig verwalteten, oder sie waren fähige Offiziere, auf die sich der Befehlshaber verlassen konnte.

Der einzelne Christ führte in der Regel ein untadeliges Leben. Dafür sorgten schon die kirchlichen Gemeinden, in denen der einzelne durchaus kein anonymes Mitglied war. Man war sich gegenseitig verpflichtet und Rechenschaft schuldig. Das Bewußtsein, anders zu sein als die anderen, schloß zusammen. So konnte nicht ausbleiben, daß die Christen Neid erregten – und Verdacht. Obwohl jede Mysterienreligion wenigstens das Wesentliche an Riten und Kult vor der Öffentlichkeit verbarg, mochte man den Christen solches nicht zugestehen. Diese missionierten auch kräftig, was nicht unerheblich zum Anwachsen ihrer Anzahl beigetragen haben dürfte. Sie fühlten sich als eine Kampftruppe, worauf auch der Ausdruck »Ecclesia militans« hinweist. Ob das Ziel innerhalb der irdischen Wirklichkeit oder außerhalb dieser Welt lag, machte keinen Unterschied, denn es galt gegen die Feinde der Kirche ebenso anzutreten wie gegen die Dämonen, in welchem Kampf »Imperator« Christus die »Kohorten« seiner Anhänger führte. Die Taufe galt als Treueschwur, wer ihn brach, war ein Abtrünniger, ein Deserteur. Die Kirchen waren die Feldlager in diesem Streit.

Daß die Kaiser hier Gefahr witterten, liegt nahe. Seit 270 lautete ihr offizieller Teil »dominus et deus«, Herr und Gott. Eben diese Vergottung setzte die unüberwindliche Schranke. Während das römische Pantheon Platz für viele Götter bot, konnte das monotheistische Christentum keine anderen Götter dulden. Doch die Auseinandersetzung entzündete sich nicht am Jenseitigen. Es waren vielmehr die irdischen Gesetze, die vom Kaiser erlassen, zur Klippe wurden. Wer die Gesetze des Staates nicht einhielt, also die Befehle des Kaisers nicht ausführte, beging ein Sakrileg, eine Gotteslästerung. Ein Verurteilter wurde daher besonders hart bestraft. Er verlor nicht nur das eigene Vermögen, auch seine Verwandten wurden zu Bettlern. Bei einer solchen Rechtslage mußten die Christen früher oder später in die Klemme geraten. Ihre Duldung war allein von der kaiserlichen Gnade abhängig. Unter Diocletian sollten sich die Verhältnisse zuspitzen.

X
DER ENDKAMPF UNTER DIOKLETIAN

Der Illyrier Diocles war unter Kaiser Numerian Kommandant von dessen Leibwache geworden. Damit hatte der ehrgeizige und rücksichtslose Sohn einer dalmatinischen Sklavin ein gutes Sprungbrett. Als der Prätorianerpräfekt Aper den Kaiser tötete, erstach eben jener Diocles eigenhändig den Mörder. Wie er sagte, erfüllte er damit die Weissagung, daß ihm durch den Tod eines Ebers (lat.: *aper*) der Weg zur höchsten Macht eröffnet würde. Nachdem ihm ein Mörder den Bruder des verblichenen Kaisers vom Halse geschafft hatte, übernahm er als Diocletianus das höchste Staatsamt.

Zunächst gelang es ihm, in einem fünfjährigen Kampf die Grenzen des Reiches zu sichern und die anrennenden Barbaren zurückgeschlagen. Innenpolitisch versuchte er, den Staat wirtschaftlich zu sanieren. Er förderte in ungeahntem Maße die öffentlichen Bauten, ließ Straßen instandsetzen, Paläste erbauen, vor allem aber vermehrte er den Beamtenapparat des Staates um achtzig Prozent. Damit erreichte Diocletian genau das Gegenteil seiner Absichten. Die Steuern konnten die vielen unproduktiven Maßnahmen nicht hinreichend finanzieren, der aufgedunsene Staatsapparat verschlang alle Mittel. Da der Kaiser alles besser wußte, umgab er sich nur mit Beratern, die ihm nach dem Munde redeten. Was als Aufbau gedacht war, führte so zur Staatskrise. Ein Ausweg aus den Schwierigkeiten konnte nur sein, die kaiserliche Stellung noch autoritärer zu machen. Den Anspruch auf eine totale Diktatur untermauerte er durch die Bekanntmachung, daß er der Sohn Jupiters sei.

Die Mithrasten konnte das nicht erschrecken. Sie waren ohnehin die Stützen des Heidentums. Die Verehrung Jupiters als eines Planetengottes und Schutzherrn eines Weihegrades, dazu der Gehorsam als oberste Tugend, brachte sie nicht in Gegensatz zum Kaiser.

Anders die Christen. Auf sie schienen große Schwierigkeiten zuzukommen, da der Kaiser proklamierte, daß Majestätsverbrechen unnachsichtig geahndet würden. Diokletian konnte sich keiner Illusion hingeben. Er wußte, daß er nur mit Härte durchkam. Also wurde das Land mit einem Netz von Spitzeln und Spähern überzogen, die sofort zu melden hatten, wenn jemand die kaiserlichen Gesetze übertrat oder Befehle nicht ausführte. Als der Schuldenberg wuchs, mußte er für Prügelknaben sorgen. Da war ihm die Minderheit der Christen gerade recht.

Dennoch fällt auf, daß Diokletian das Werk der Verfolgung langsam und ohne Eifer begann. Die Christen konnten sich erinnern, daß er während seiner Feldzüge gegenüber christlichen Soldaten oder Offizieren stets nachsichtig gewesen war, daß er sogar befohlen hatte, es zu übersehen, wenn sie sich den vorgeschriebenen Riten des Kaiserkultes entzogen. Ihn hatte Diocletian zu einem bis ins kleinste geregelte System entwickelt, bei dem seine Vergottung eine besondere Rolle spielte.

Frau und Tochter Diokletians waren getaufte Christinnen. Ja, am Hofe besetzten Christen auch einflußreiche Stellen. So hatte Diokletian im Prinzip wahrscheinlich nichts gegen die Christen, abgesehen davon, daß sie grundsätzlich unbotmäßig waren, doch es ging ihm um ihr Vermögen. Das schlechte Beispiel, das sie durch ihre Ablehnung des Kaiserkultes boten, konnte ebenfalls nicht geduldet werden, denn es konnte bei Aufrührern Schule machen. Seit langem schon lag ihm Cäsar Galerius in den Ohren, endlich gegen die Christen loszuschlagen. Der war ein äußerst brutaler Mensch, gerade deshalb ein Vertrauter des Kaisers und von ihm zum Regenten über die östlichen Provinzen eingesetzt. Sobald Diokletian für die Aktionen grünes Licht gegeben hatte, erwies sich Galerius als blutgieriger, sadistischer Wüterich, der den Befehl seines Herrn nur zu genau ausführte, die Christen systematisch und völlig auszurotten; denn ein Sieg nach Punkten konnte nicht genügen, weil er das Eingeständnis der Schwäche bedeuten mußte; es ging also ums Ganze.

Doch Diocletian ließ sich Zeit. Ob es seine Gründlichkeit war oder die bislang geübte Toleranz, muß dahingestellt bleiben. Tatsächlich erließ er erst 301 ein Edikt, das die Entlassung der Christen aus den Legionen anordnete. Damit wollte der Kaiser sein Machtinstrument schärfen. 303 ordnete er die Verbrennung der Kirchen an. Die Christen hatten ihre heiligen Schriften auszuliefern und ihre vorgeschriebenen Opfer für den Gott-Kaiser vorzunehmen. Auf Weigerung stand die Folter, noch nicht jedoch der Tod.

Wie schon bei früheren Verfolgungen sollte die gründliche Ausführung an der Größe des Reiches scheitern. Es gab Gebiete wie Italien, Afrika oder Spanien, in denen zwar das Nötigste veranlaßt wurde, doch sind dort die Blutspuren gering. In Gallien beließ es der Cäsar Constantius Chlorus bei der Schließung der Kirchen und Gemeindehäuser. Galerius freilich übertraf alles bisher Dagewesene an Grausamkeit und Schändlichkeit.

Diocletian verschärfte die Verfolgung und erließ neue Edikte. Wer sich weigerte, den Opferritus zu vollziehen, wurde bei lebendigem Leibe verbrannt oder kam ins Bergwerk, das keiner verließ, den man dahin brachte. Galerius trieb es am schlimmsten und überbot sich zunehmend mit ausgeklügelten Foltermethoden und Quälereien. Allein, es nützte nichts. Der Terror hatte das Gegenteil bewirkt. Diocletian, inzwischen krank geworden, zog sich zurück. Er gab 305 die Macht ab. Galerius wütete noch bis 311. Dann schlug auch seine Stunde. Eine schwere, nicht näher bezeichnete Krankheit setzte seinem Morden ein Ende. Galerius sah in ihr die Rache des Christengottes. In die Herrschaft des Reiches teilten sich nun mehr oder weniger freundliche Herrscher.

Die Kirche aber hatte die Feuerprobe bestanden. Gerade im Osten, wo man die Christen massenweise hingeschlachtet hatte, brachte die Leidenszeit auch große Persönlichkeiten hervor, die nun Versöhnung predigten. Das war allerdings nicht nach dem Geschmack jener, die nun nach der Verfolgung ihr Märtyrertum zur Schau trugen. Man war stolz auf die eigenen Wunden und sah verächtlich auf jene herab, die es versucht und verstanden hatten, Beamte zu bestechen, um die eigene Haut zu retten. Mancherorts, so im Westen des Reiches, war es sogar recht leicht gewesen, der Bedrohung zu entgehen.

Wer allerdings das Opfer für den Kaiser vollzogen und damit sein Leben gerettet hatte, wurde aus der Kirche ausgestoßen. Auch wer die heiligen Schriften befehlsgemäß ausgeliefert hatte, hatte eine Sünde begangen, die nicht wiedergutzumachen war. Es fällt auf, daß ganz allgemein viel weniger Christen von den Möglichkeiten Gebrauch gemacht hatten, ihr Leben zu retten, als dies hätte geschehen können. Dafür gibt es mehrere Gründe. Die Kraft der religiösen Überzeugung war durch keinerlei Zweifel getrübt. Geistlicher Zuspruch, kirchliche Erbauungsgeschichten, die von den Wundern an Standhaftigkeit berichteten, dazu die Aussicht auf ein baldiges Weltgericht gehörten dazu wie die Gewißheit des Ausschlusses aus der Gemeinde, was nur ewige Verdammnis bedeuten konnte. Wer gläubigen Herzens Christ geworden war, hatte so gar keine andere Wahl, als sich dem Schicksal zu ergeben.

Kirchliche Eiferer wandten sich nicht nur gegen die erklärten Feinde und damit natürlich besonders gegen die

Bekenner von Mithras, die als die eigentlichen Drahtzieher erscheinen mußten. Sie bekämpften die Glaubensgenossen, die als »schlechte« Christen galten, weil sie vernünftig gewesen waren. Es war keineswegs so, daß ein allgemeines Glücksgefühl die Christen erfüllt hätte, als die Leidenszeit vorbei war und die Verfolgungen eingestellt worden waren. Es gab noch genügend, die vom Verlangen erfüllt waren, sich für Christus martern zu lassen.

Am 1. Mai 305 hatte also Kaiser Diocletian abgedankt und sich in sein Privatleben zurückgezogen, gleich ihm sein Mitkaiser Maximian. Doch bereits zwei Jahre später mußte Diocletian noch einmal in die Geschicke des auseinanderbrechenden Reiches eingreifen. Er verließ seinen imposanten Palast in Spoleto, in dem noch 1300 Jahre später 3200 Menschen 278 Behausungen bewohnten, und brach nach Carnuntum auf, wo es zu einem Kaisertreffen kam, denn auch Galerius und Licinius waren da. Licinius und Maximian wollten sich als Augusti bestätigt sehen. Doch das diocletianische System der Tetrarchie versagte. Da die Kraft eines Mannes nicht mehr ausgereicht hatte, das Reich zu regieren, war es in zwei Teile geteilt worden, so daß die beiden Augusti Diocletian und Maximian Ost- und Westrom regierten. Ihnen standen zwei Cäsaren zur Seite, die als Unterkaiser die späteren Nachfolger sein sollten. Die glänzende Versammlung in Carnuntum konnte jedoch weder die Probleme der Verwaltung noch der Thronfolge lösen. So teilten sich zwei Jahre später sechs Herrscher in die Macht oder stritten um die obersten Würden.

307 aber bedeutete in der Geschichte des Mithraismus eine Art sichtbaren Gipfelpunkt, denn aus Anlaß der welthistorischen Bedeutung der Kaiserkonferenz wurde in Carnuntum das Mithrasheiligtum restauriert und der große Weihestein gestiftet, der erhalten ist. Auf ihm flehten die Kaiser um Segen, was den Schluß erlaubt, in welch starkem Maße sie sich dem Gott verpflichtet fühlten, in dem sie den

»Beschützer ihres Reiches« sahen, denn »fautori imperii sui« lautete die Inschrift.

In der Bewertung des Kaisertreffens von Carnuntum für die Bedeutung des Mithraismus schrieb der Mithrasforscher Cumont: »Niemals, nicht einmal zur Zeit der mohammedanischen Invasion, schien Europa mehr in Gefahr, asiatisch zu werden, als in diesem Augenblick.« Daß es schließlich nicht dazu kam, lag daran, daß Mithras bereits den Kulminationspunkt seines Einflusses überschritten hatte. Das wurde schon kurze Zeit später deutlich.

XI
DER SIEG DES CHRISTENTUMS

Konstantin, dem die Geschichte den Beinamen »der Große« gegeben hat, sorgte dafür, daß Christus über Mithras siegen konnte. Die zeitgenössischen, vor allem aber die späteren Bewunderer Konstantins stellten diesen Herrscher als einen Mann heraus, der sich aus Überzeugung zum Christentum bekehrt hatte. Das ist objektiv falsch. Seine ganze Handlungsweise läßt Konstantin vielmehr als einen Kaiser erkennen, der sich bedenkenlos seiner Feinde entledigte, ganz wie es die heidnischen Monarchen vor ihm getan hatten. Er ließ seinen Sohn aus erster Ehe, Crispus, ermorden, nachdem seine Stiefmutter Fausta, die in ihn verliebt war, ihn bei Konstantin verleumdet hatte. Die Überlieferung berichtet, daß daraufhin Helena, die Mutter des Kaisers, aus Schmerz um ihren Enkel Konstantin überzeugt habe, daß er zu Unrecht gehandelt hätte, worauf Konstantin seine intrigante Frau in einem siedenden Bade töten ließ.

Die Hintergründe der Morde sind nicht ganz klar und verständlich, wie überhaupt vieles, was Konstantin tat, schwer einzuschätzen ist. Zwar hatte er als Alleinherrscher, wie er verkündete, »aus Achtung vor der Menschennatur und Abscheu vor Blutvergießen«, die Gladiatorenspiele verboten und dafür gesorgt, daß Gefangene menschenwürdig behandelt wurden. Ferner sollten Richter nur bei vorliegenden Schuldbeweisen die Todesstrafe verhängen dürfen. Aber andererseits hat er auch längst vergessene Strafen wieder eingeführt. So wurde eine Römerin enthauptet, wenn sie mit ihrem Sklaven Geschlechtsverkehr hatte, dieser jedoch verbrannt. Wer bei einer Entführung mithalf, sollte eines qualvollen Todes sterben. Alles nicht gerade Beweise für eine christliche Einstellung. Konstantin strebte nach der Alleinherrschaft und ging dabei ganz planmäßig gegen die übrigen Mitherrscher vor. Für den Mithraismus wurde der 28. Oktober 312 dabei das schicksalschwere Datum. Konstantin hatte sich gegenüber Maximinius Daja und Licinius abgesichert, um sich Maxentius, einen der vier Augusti, vorzunehmen. Damit Konstantin sich ungehindert auf Maxentius stürzen konnte, hatte er die Verlobung seiner Schwester Constantia mit Licinius betrieben. Wenn der Kampf des Konstantin gegen Maxentius als Kreuzzug dargestellt wird, ist das unrichtig, denn Letzterer hatte sogleich nach dem Regierungsantritt, früher als die anderen Augusti, ein Toleranzedikt verkündet und den Christen ihre Kirchen und Besitzungen zurückgegeben. In seiner Armee dienten viele Christen, in der des Konstantin fast nur Heiden.

Im Frühjahr 312 überschritt Konstantin mit seinen gallischen Legionen, etwa 30 000 Mann, die vorwiegend aus Britannien ud Germanien stammten, den Mont Cenis, rückte rasch vor, siegte bei Turin über die Panzerreiter des Maxentius und gewann kampflos Mailand, eroberte Verona, so daß sich ihm auch Aquileia ergab und er gegen Rom vorrücken konnte. Hier hatte Kaiser Maxentius mit grausamer Härte die Einwohner gezwungen, Rom in eine Festung zu verwandeln. Das trug ihm den Haß der Bevölkerung ein. Sie murrte, Hungerunruhen brachen aus. Zu seiner Sicherheit hatte Maxentius die Milvische Brücke abbrechen lassen, wodurch die Verbindung mit dem Norden abriß, was den Unmut der Bevölkerung verstärkte. Lediglich eine Schiffsbrücke, die jederzeit aufgehoben werden konnte, diente den militärischen Bedürfnissen. Maxentius hatte ein riesiges Heer in Rom zusammengezogen, 170 000 Fußsoldaten und 8 000 Reiter. Ursprünglich war seine Absicht gewesen, sich hinter der Aurelianischen Mauer zu verteidigen. Aber da er sich der Bevölkerung nicht sicher war, sah er sich genötigt, vor die Stadt zu ziehen. Außerdem hatte er auch geträumt, nicht länger an dem Ort bleiben zu dürfen, an dem er bisher erfolgreich gewesen war. Er hatte die »Sybillinischen Bücher« befragt, die ihm als Antwort gaben, daß ein Feind der Römer umkommen werde. Da er ja der Herr Roms war, deutete er das Orakel für sich günstig; auch daß ihm bei seinem Ausritt aus der Stadt Eulen begegneten, ermunterte ihn.

Konstantin war von Ravenna aus auf der Flaminischen Straße bis 16 km nördlich von Rom vorgerückt, wo er bei Prima Porta sein Lager aufschlug, um seinen Soldaten Ruhe zu gönnen. Maxentius zog heran, doch blieb ihm nur der Raum zwischen der Stadt im Rücken, um den Vormarsch aufzuhalten. Seine Soldaten standen im Bereich der Milvischen Brücke mit dem Rücken zum Fluß, um den Feind am Übergang zu hindern. Als Konstantin das Manöver seines Gegners durchschaute, ließ er angreifen. Die Enge des Tales begünstigte ihn, denn Maxentius konnte seine zahlenmäßige Überlegenheit nicht ausspielen. Konstantin gelangen Einbrüche, die Soldaten flüchteten über die Schiffsbrücke, die Maxentius anstelle der Milvischen Brücke hatte anlegen lassen. Die meisten seiner Soldaten kämpften lustlos, lediglich die Prätorianer wehrten sich tapfer. Sie konnten jedoch die allgemeine Flucht nicht aufhalten, die auch den Kaiser mitriß. Die Brücke barst unter der Last, und Menschen und Tiere stürzten in den reißenden Fluß. Auch Maxentius fand hier sein Ende, auf den Tag genau sechs Jahre, nachdem ihn die Prätorianer zum Augustus ausgerufen hatten.

Um die Schlacht an der Milvischen Brücke an jenem 28. Oktober 312 rankt sich die Legende, denn Mithras stürzte, und die Unbesiegte Sonne erlosch. Eusebius berichtet in seinem Werk über das Leben Konstantins, dieser hätte vor seinem Aufbruch zum Krieg in Gallien den Gott seines Vaters angefleht, er möge ihm sagen, wer er sei und ihm in der Schlacht helfen. Noch während er betete, hätten er und sein ganzes Heer die Sonne mit einem Strahlenkreuz gesehen und eine Schrift im Licht: *»In hoc signo vinces,* in diesem Zeichen wirst Du siegen.« In der Nacht darauf sei ihm Christus selbst erschienen und habe ihm den Auftrag gegeben, dieses Zeichen nachzubilden. So hätte er den Soldaten befohlen, es auf ihre Schilde zu malen. Außerdem hätte er eine Fahne gestiftet, das Labarum: Ein langer Schaft trug am oberen Ende einen Kranz aus Gold und Edelsteinen, in der Mitte das Chrismon (das Christuszeichen), darunter eine Querstange, an der ein kostbares Tuch, das so lang wie breit war, hing. Eusebius beschreibt, daß dort die Brustbilder des Kaisers und seiner Söhne befestigt waren. Eusebius behauptet, der Kaiser habe ihm sowohl die Vision selbst erzählt und durch Eide beschworen, aber da erst 317 die Söhne Konstantins zu Cäsaren erhoben wurden, konnten ihre Brustbilder auch nicht früher an der Standarte befestigt worden sein. Die Münzen Konstantins zeigen ein Vexillum, also die Fahne, erst ab 320, und vier Jahre später, im Krieg gegen Licinius, wurde die Standarte auch wirklich benutzt. Es ist ganz offenkundig, daß Eusebius die Legende der kirchlichen Propaganda wegen später in die Lebensbeschreibung Konstantins eingefügt hat.

Das Chrismon besteht aus den griech. Buchstaben X (Chi) und P (Rho), die Anfangsbuchstaben des Namens Christi. Zeichnet man das X waagerecht und setzt das P hinein, ergibt dies das christliche Signum, das bis auf den kleinen Bogen am P wie jenes Strahlenkreuz aussieht, welches das Zeichen des *sol invictus* oder des Mithras-Apollo ist, den gallischen, britischen und germanischen Legionären des Konstantin wohl vertraut. Wenn es tatsächlich so war, daß Konstantin, Vision hin, Vision her, seinen Soldaten befohlen haben sollte, jenes Zeichen auf ihre Schilde zu malen, werden sie das gewiß gern getan haben, denn bis auf den Bogen am P war es schließlich ihr Siegeszeichen. Die Christen im Heer des Maxentius jedoch mußten irritiert werden, da ihnen nunmehr Feinde gegenüber standen, die unter dem christlichen Symbol, also offensichtlich im Namen ihres eigenen Gottes, fochten. Kein Wunder, wenn sie nicht bereit waren, gegen diese anzugehen.

Maxentius hatte gleich nach seinem Regierungsantritt ein Toleranzedikt erlassen und die Christen in ihre alten Besitzrechte eingesetzt. Sie bekamen Kirchen und den kirchlichen Besitz zurück, und in seiner Armee dienten viele christliche Soldaten und Offiziere, doch Maxentius selbst war ein Heide und nach dem Brauch der Zeit gewiß auch ein Mithrast. Anders im Heere Konstantins, das vor allem aus Heiden bestand. Allerdings besteht kein Zweifel, daß Konstantin die Christen als tüchtige Soldaten, Beamte und Bürger schätzen gelernt hatte. Er war Zeuge ihrer Verfolgungen geworden, hatte aber auch erlebt, wie milde sein Vater Constantius Chlorus in seiner Provinz Gallien die Verfolgsedikte Diokletians ausgelegt hatte. Er wußte, daß das Christentum bereits zu stark geworden war, um völlig ausgerottet zu werden. Aus einer solchen realistischen Einschätzung heraus hatte er ohne Zweifel die richtigen Schlüsse gezogen. Konstantin hatte mehrfach bewiesen, daß er ein ebenso großer Taktiker wie Stratege war und rasch jeden kleinsten Vorteil auszunützen verstand. Von den beiden Gegnern, die vor Rom um die Herrschaft kämpften, war er der tüchtigere und hatte die strategischen Vorteile für sich, sei es die Gunst des Geländes, sei es die auf Maxentius unmutige Bevölkerung oder die abrupte Schlagkraft seiner Armee.

Konstantin eilte der Ruf eines unnachgiebigen, harten Herrschers voraus. Als Sieger ließ er denn auch die Kinder des Maxentius töten, seine Anhänger umbringen, erwies sich aber gegenüber dem Senat und der Bevölkerung von Rom als milde, so daß man ihm später als Ruhmesmal den

Konstantinsbogen errichtete. »Dem Befreier der Stadt, dem Bringer des Friedens« lautete die Inschrift auf diesem gewaltigen Monument, das die Stürme der Zeit bis heute überdauert hat und zu den am besten erhaltenen der Antike zählt. 315 war es fertig geworden. Ein Medaillon auf ihm zeigt den *sol invictus*, wie er auf einer Quadriga in den Himmel fährt. Hier erweist es sich, daß es der Geist Mithras war, in dem der Kaiser einst aufgebrochen war, und seine Münzen trugen noch bis 323 das Bild des Unbesiegbaren Sonnengottes.

Konstantin war von dem unbändigen Willen nach der Alleinherrschaft erfaßt. Diesem Verlangen ordnete er seine Entscheidungen unter. Der Sieg über Maxentius wurde von seinen christlichen Biographen als Sieg Christi über die Heiden ausgelegt. Wenn er das auch de facto zunächst nicht war, so waren es doch die politischen Folgen dieses Krieges, die Konstantin mehr und mehr dazu brachten, auf die Christen zu setzen. Dies wurde später bei den Kämpfen mit Licinius deutlich. Der war ein brutaler Mensch, ein Feind höherer Bildung, aber eingedenk seiner bäuerlichen Herkunft doch darauf bedacht, dem einfachen Volk einiges zugute kommen zu lassen. Licinius, zunächst den Christen gegenüber freundlich, schlug sich schließlich auf die Seite der Heiden und versuchte damit, sich der Anhänger altrömischer Traditionen zu versichern, während Konstantin zunehmend die Christen begünstigte, ohne freilich die Ausübung heidnischer Glaubensbräuche zunächst zu beeinträchtigen. Der Kampf zwischen ihm und Licinius wurde schließlich zum Glaubenskrieg, den Konstantin 324 für sich entschied. 325 wurde der anfangs begnadigte Licinius ohne viel Aufhebens hingerichtet. Damit waren die Uhren des Heidentums und besonders des Mithraismus abgelaufen.

Konstantin griff mehrmals regelnd in die Entwicklung der christlichen Kirche ein, ließ sich aber erst kurz vor seinem Tode taufen. Die Einstellung des Kaisers gegenüber dem

Christentum muß viel zurückhaltender gewesen sein, als seine christlichen Biographen es glauben machen wollen. Weder schaffte er den Kult der Vesta ab, noch ging er gegen Mithras vor. Noch 337 erließ er ein Gesetz, das die heidnischen Priester von allen Abgaben befreite. Wohl förderte Konstantin die Christen, bewahrte aber dem Heidentum die Sympathie, ohne freilich dessen Ende aufhalten zu wollen oder zu können.

XII
JULIAN DER ABTRÜNNIGE

Tragik umwittert die großartige Gestalt Julians, des letzten römischen Kaisers, der als Eingeweihter die Gebote des Mithras – mehr Mut, mehr Gerechtigkeit, mehr Brüderlichkeit, mehr Reinheit – seinen Zeitgenossen vorgehalten hatte. Er war erst 32 Jahre alt, als ihn am 26. Juni 363 ein wahrscheinlich von christlicher Hand geschleuderter Speer ums Leben brachte.

Dies geschah, als auf einem Rückzug die römischen Kolonnen ins Wanken gerieten und der Kaiser sich selbst ins Kampfgetümmel stürzte, um, wie schon so oft, seine Soldaten durch sein Vorbild anzufeuern. Julian lebte vor, was er einmal geschrieben hatte: »Für den kämpfenden Soldaten bleibt der erhebendste Anblick ein weiser Führer, der selber alles mit anpackt, der ermutigt, der aufruft, der überall dort, wo das Grauen aufsteigt, heiter und gefaßt, dort wo die anderen zagen, ruhig und fest bleibt.«

In der Eile hatte der Kaiser es versäumt, den Panzer anzulegen. Man mutmaßte, daß er der Hand eines Christen zum Opfer fiel, der Vergeltung üben wollte für die Unterdrückung seiner Religion durch den Kaiser. Bewiesen ist nichts, aber mit leidenschaftlichem Haß versuchten die Gegner zu allen Zeiten Julians Leistungen herabzusetzen und ihn persönlich zu verunglimpfen. »Die Tragödie Julians beweist die schlechthin bestürzende Tatsache, daß Anstand, Gerechtigkeit, Humanität, erst recht die Tugenden des

Selbstverleugnung, Mildtätigkeit und Großmut, zu schweigen von amtlicher Korrektheit, damals von den allermeisten überhaupt nicht verstanden wurden. Die einzigen, welche Julian verstanden und liebten, waren seine Soldaten; das Volk der Großstädte lachte diesen seltsamen Mann aus. Es zog Männer mit Stahlfäusten und Polizeimethoden vor. Der Historiker des Untergangs der antiken Welt, Otto Seeck, hat den Durchschnitt derer, die sich für Christen hielten, auf eine einfache Formel gebracht: »Was diesen Zeitgeist vor allem andern kennzeichnet, ist ein schrankenloser Despotismus über willenlose Knechte«. Dieses Merkmal aber tritt in der Kirchengemeinde noch kräftiger hervor als in Stadt und Reich. Der gute Christ liebte, wen sein Bischof liebte, haßte, wen sein Bischof haßte, und glaubte, was sein Bischof befahl. Und sah man diesen bedroht, so scharten sich um ihn kampfbereite Banden, die schon oft die Ausführung kaiserlicher Befehle unmöglich gemacht oder um Jahre verzögert hatten.«[10]

Die Verfasser frommer Heiligengeschichten im Mittelalter malten sein Bild in den schwärzesten Farben, brandmarkten ihn als Kirchenfeind und Antichrist. Bevor er das verdiente Ende gefunden und ihn der Teufel geholt habe, soll der Sterbende noch zu Kreuze gekrochen sein: Er habe das Blut von seiner Wunde gegen den Himmel geschleudert und das berühmte Wort ausgestoßen: »Du hast gesiegt, Galiläer!«

Freunde, die dem Kaiser in seiner letzten Stunde beigestanden hatten, berichteten dagegen von seinem Mut und seiner Fassung. Als man ihm den Tod eines Vertrauten meldete, beweinte er diesen, nicht aber sich selbst. Ein Orakelspruch des Helios, den ihm die Freunde mitteilten, richtete Julian auf: »Wenn Deinem Zepter Du das persische Volk unterworfen und es bis zu Seleukos' Stadt mit dem Schwerte gejagt hast, dann wird Dich zum Olymp der feurige Wagen entrücken, der von der Windsbraut Wirbeln im Kreis gen

Himmel bewegt wird, Lösung wird er Dir bringen von allen Leiden des Leibes und Dich führen zur Halle des Vaters im himmlischen Lichte, die voreinst Du verlassen, um Menschengestalt zu gewinnen.« Nach nur zwanzig Monaten Regierungszeit endete Julian, der noch einmal versucht hatte, der Lehre Mithras Glanz zu geben, und das Heidentum aufzurichten.

Flavius Claudius Julianus – so war der ganze Name des »Abtrünnigen« – war Ende 331 in Konstantinopel geboren worden. Seine Mutter starb schon kurze Zeit später. Nachdem er die ersten sechs Lebensjahre in der Geborgenheit der Frauengemächer verbracht hatte, wurde er einem Erzieher anvertraut. Es ist die Zeit, in der ein Fieberanfall Kaiser Konstantin dahinraffte. Seine drei Söhne Constantin II., Constantius II. und Constans traten die Nachfolge an. Hofintrigen wurden zu einem Anlaß für ein Gemetzel unter den Brüdern des Verstorbenen, dem ein Onkel Julians, aber auch mehrere Vettern, sein Vater und sein ältester Bruder zum Opfer fielen. Lediglich sein Bruder Gallus, der später von Constantius II. zum Cäsar erhoben, von diesem aber auch umgebracht wurde, kam mit dem Leben davon. Als die Häscher in das Gemach stürzten, um den kleinen Julian zu töten, rettete ihn ein Priester in den Schutz eines Altars. Kluge Lehrer erzogen ihn in der christlichen Religion, weckten aber schon früh in ihm eine edle Begeisterung für das Griechentum. In der Abgeschiedenheit eines anatolischen Landsitzes wuchs der Knabe auf, befleißigte sich voller Glaubenseifer und Inbrunst christlicher Religionsübungen.

Es war eine unheilvolle Krisenzeit, in der Hungersnot und Einfälle von Feinden das Massenelend vergrößerten, das unbarmherzige Steuereintreiber angeheizt hatten. Der empfindsame Jüngling lernte damals das segensreich-karitative Wirken der Kirche kennen, sah, wie Spitäler, Unterkünfte für Arme, Waisen, Unheilbare und Greise die Not der Bedürftigen linderten. Das christliche Mitleid beeindruckte ihn tief und hinterließ nachhaltige Spuren. Seine Fürsorge für die Bevölkerung in Gallien, das Bestreben durch Steuerreformen und materielle Erleichterungen aller Art der Bevölkerung zu helfen, gehen auf eine Seelenhaltung zurück, die in seiner christlichen Jugendzeit geprägt wurde. Kaiser Constantius war ein mißtrauischer Despot, der jeden Verwandten umbringen ließ, in dem er einen möglichen Konkurrenten sah. So ließ er selbstverständlich auch nicht zu, daß sein junger Neffe Julian eine Ausbildung erhielt, die er etwa einmal als Staatsmann hätte gebrauchen können. Daß er später die lateinische Sprache beherrschte, verdankte er eigenen Studien, nicht seinen Erziehern, die ihm weder Kenntnisse in den Sprachen der Völker des Reiches vermittelten, noch ihn Rechtskunde lehrten, noch in das Wesen der Verwaltung einführten. Er durfte sich weder sportlich betätigen noch militärische Kenntnisse aneignen. Damit schien dem Hof gewährleistet, daß Julian keinen politischen Ehrgeiz entfalten konnte. Spione und Spitzel, die ihn ständig überwachten, konnten dem Kaiser auch nur berichten, wie ernst er das religiöse Leben nahm und wie sehr ihn Literatur und Philosophie beschäftigten.

Freilich, die stete Beaufsichtigung hatte den jungen Mann gelehrt, sich zu verstellen. So blieb verborgen, in welchem Maße er sich in eine Bewunderung des antiken Schrifttums und hellenistischer Lebensformen hineinsteigerte. Julian fühlte sich vom magischen Wirken der Weltseele angerührt. Er beobachtete die Natur und konnte stundenlang den gestirnten Himmel betrachten. Seine Meditationen brachten ihn in den Bannkreis jener antiken Glaubensvorstellungen, die in der vollendeten Harmonie des Weltgeschehens gipfelten. Daß die Romantiker des 19. Jahrhunderts die ersten waren, die Julian gerecht würdigten, ist kein Zufall. Sie entdeckten in ihm die wesensverwandte Seele. Helios hatte hatte mit seinem Sonnenlicht ein heiliges Feuer in Julian gezündet, das zur hellen Begeisterung für den Geist der griechischen Antike aufflammen sollte.

Als der Jüngling zwanzig Jahre alt war, konnte er die Erbschaft seiner Großmutter antreten. Der Kaiser schien sich überzeugt zu haben, daß er ihm nicht gefährlich werden konnte und entließ ihn aus seiner Verbannung. Julian konnte sich ganz seinen Studien widmen. Der zurückhaltende, ernste, etwas linkische junge Mann errang schnell die Sympathie der Weisen. Er war aus innerer Überzeugung tugendhaft, lebte keusch, konnte dem lauten Leben keine Freude abgewinnen, sondern strebte nach Erleuchtung. Die Philosophenschule des Jamblichos zog ihn stark an. Die Jünger des verstorbenen Meisters hatten sich am unbedingtesten dem Hellenismus verschrieben. Nach einer Krise im dritten Jahrhundert hatte die Verlegung des Regierungssitzes nach Byzanz, d.h. die Gründung von Konstantinopel, zu einem wirtschaftlichen Aufschwung Griechenlands geführt, in dessen Gefolge sich die geistige Oberschicht vielfach auf ihr Griechentum besann.

Ein Philosoph hatte Julian den Weg gewiesen: »Wenn Du würdig bist, in unsere Mysterien eingeweiht zu werden, wirst Du Dich schämen, als Mensch geboren zu sein und menschliche Namen getragen zu haben ...« Julian war ganz dem Hellenismus ergeben, der beste griechische Traditionen fortzuführen schien. Gleichzeitig aber vertrat der Hellenismus, in der Aufnahme von aus dem Orient kommenden mystisch-magischen Riten, ein Weltbild, das den Erfordernissen der Zeit angepaßt war. Der Neuplatonismus des Jamblichos ging zwar von der Lehre Platons und der religiösen Grundstimmung der Alten aus, doch waren in ihn aristotelische, stoische und mystische Begriffe eingeflossen und bildeten eine heidnische Philosophie, die dem aufstrebenden Christentum entgegentreten konnte. Die Menschen waren sich ihrer unvollkommenen Natur bewußt, sie suchten aus der Not und den Mühsalen des irdischen Lebens den Weg zu Gott. Während die Christen diesen in der göttlichen Gnade sahen und durch den Glauben an die Erlösertat Christi das persönliche Heil in Aussicht stellten, billigten die hellenistischen Philosophen den mit einer göttlichen Seele begabten Menschen zu, aus eigener Kraft Gnade, das Heil und die Unsterblichkeit gewinnen zu können. Die Mysterien läuterten die Seele, auf daß sie später aus der Entfremdung ihres irdischen Daseins zum erhabenen Einen zurückkehren könne, von wo sie einst als Emanation, d.h. Ausstrahlung, hervorgegangen sei.

In Ephesus ließ sich der letzte Flavier in den Glauben seiner Väter einweihen. Die neuplatonischen Mysterien hatten vieles mit denjenigen des Mithras gemeinsam. Vor allem wurde die Feuerverehrung gepflegt: Im Anfang war ein göttliches, immaterielles Feuer, aus dem ein Schöpfer die Welt der Erscheinungen schuf. Seine Ideen, die ewigen Urbilder der flüchtigen Erscheinungen, sind die Funken dieses Feuers.

Der Mensch trägt mit seiner Seele einen solchen göttlichen Funken in sich. Wenn die Seele aus dem Himmel stürzt, nimmt sie beim Durchgang durch die Planetensphären den Astralleib an, der als Träger der Empfindung und Vorstellung das Bindeglied zwischen dem Körper und dem inneren Leben wird. Kehrt die Seele später in Gottes Vaterschoß zurück, wirft sie die nebelhaften Hüllen ab und erinnert sich dieses Funkens als eines göttlichen Zeichens. Je mehr man durch die Erleuchtung oder ekstatische Verzükkung das Wesen des Flammengottes begreift, um so leichter gelingt es der Seele, ihren göttlichen Urgrund aufzufinden. Flammen, Blitz und Donner sind die äußeren Merkmale der Gegenwart des Göttlichen, sie manifestieren sich in den Feueraltären der Parsen und im Mithraskult.

Diese Feuerverehrung wurde zur Theurgie, der Lehre, wie das Göttliche oder die Götter zu beschwören sind. Jamblichos hatte dazu eine universelle Beziehungslehre aufgestellt. Auf mystische Art sind die Dinge unserer Erscheinungswelt an die Gestirnkräfte gebunden. So gehört der Hahn zur

Sonne, die er des Morgens mit einem Hymnus auf seine Art begrüßt. In dieser Zuordnung finden wir ihn auch auf den Altären des Mithras. Im Pflanzenreich gehört das Heliotropium, die »Sonnenwende«, zum Beziehungssystem des Tagesgestirns. Die Pflanze folgt dem Himmelsgang der göttlichen Sonne, das Drehen ihres Stengels ist ihr Gebet, das wir nur nicht vernehmen, weil wir die Sprache der Blumen nicht verstehen. »Solche Ähnlichkeiten, Neigungen und Beziehungen sind für die kultischen Handlungen äußerst wichtig, denn die Entsprechung zieht an, wie Gleiches nach Gleichem strebt, oder vielmehr die Gleichheit schafft eine Verknüpfung, die die Wesen untereinander verbindet. Man erhitze einen Docht und nähere ihn einer brennenden Lampe: sogleich, ohne Berührung, wird sich die Flamme senken und die Fibern des Papyrus verzehren, um sich dann wieder über ihrer Quelle aufzurichten. Ein wenig Wärme also genügt, und sofort zeigt sich das Feuer von oben, steigt hernieder, vergöttlicht den Sterblichen und erleuchtet durch Vergeistigung selbst die Materie. Kurz, um zu wirken, bedarf es für den Gott nur eines Zeichens, daß der ihn Ausrufende zu seinem Empfang bereit sei. Die Natur offenbart uns übrigens nicht nur das Wirken der Anziehungskräfte, die uns zu höheren Mächten emporzuheben vermögen, sie zeigt uns auch das Gesetz der abstoßenden Kräfte und als Folge das Geheimnis der Zusammensetzung von Abwehrmitteln in Gestalt von Talismanen.

Unter welcher Form auch immer die Gegenwart der Götter sich offenbart, sei es als Stimme, als Hauch, als Feuer oder Licht, ihre Erscheinung läutert die zur ihrer Aufnahme Bereiten. Der Eingeweihte wird solchermaßen zu ihrem Gefäß, ihrem lebenden Tabernakel.«[11]

Es lag auf der Hand, daß Julian bei der Einweihung in die neuplatonischen Mysterien nicht stehenblieb, sondern durch die Mystagogen auch in den Kult des Mithras eingeweiht wurde. Die Studien und das tiefe Erlebnis dieser Einweihung haben Julian, der in jener Zeit, als er noch fest im christlichen Glauben stand und dessen niedere Weihen erhalten hatte, dazu geführt, daß er sich innerlich abwandte und zu den alten Göttern zurückkehrte. In einer von ihm selbst gedichteten Fabel läßt er den Sonnengott sprechen: »Aus Liebe zu Deinen Ahnen wollten wir Dein Geschlecht läutern. Bedenke, daß Du eine unsterbliche Seele hast, die von uns abstammt; bedenke, daß Du zum Gott werden wirst, wenn Du uns folgst, und unseren Vater gemeinsam mit uns von Angesicht zu Angesicht siehst.«

Julian hatte zu Helios zurückgefunden. Er fühlt sich als letzter Sproß einer göttlichen Dynastie. Er fühlt das Auge Gottes auf sich ruhen. So macht er sich bereit, das Griechentum und das Reich zu retten. Ob es dazu kommen würde, war freilich sehr ungewiß, denn Julian war zwar finanziell ein gut gestellter, d.h. wirtschaftlich unabhängiger Prinz, hatte aber keinerlei Zugang zur Macht, ja, er wurde weiterhin genau beobachtet. Deshalb verbarg er zunächst seinen Glaubensabfall. Es wäre ihm bei Hofe übel angekreidet worden. Von seinen Mitbürgern konnte er mehr Verständnis erwarten, denn das Christentum war als Staatsreligion keineswegs gefestigt.

Die einfachen Leute ließen sich nur in Notzeiten taufen und hielten im übrigen an ihren Traditionen fest. Groß waren auch die Glaubenszweifel bei den Gebildeten. Für den christlichen Glauben an einen Gott ließen sich keine rationalen Beweise anführen. Dagegen ließen sich durchaus vernünftige Erklärungen für die Vielzahl der himmlischen Mächte erbringen. Abgesehen von jenen Radikalen, die es zu allen Zeiten gab und geben wird, waren Julians Zeitgenossen weniger eifernd als fromm. Darauf bedacht, zum ewigen Heil zu kommen, hingen sie mehreren Kulten an oder suchten die Rückversicherung bei einer anderen Religion. Eine Grabinschrift aus dem vierten Jahrhundert nennt einen plausiblen Grund: Eine einzige Religion könne der wahren Frömmigkeit nicht genügen; um sich Gott anzunähern, müsse man alle Arten von Andachtübungen verrichten.

So wird beispielsweise von einem Bischof berichtet, der heimlich den Sonnengott anbetete, während andererseits ein Anhänger neuplatonischer Mysterien die Leitung einer Kirche unter der Bedingung übernimmt, daß er sich auch fernerhin zu gewissen Dogmen seiner ersten Glaubensgemeinschaft bekennen darf. Glaubenswechsel waren an der Tagesordnung. Der Glaubensabfall Julians ragt lediglich durch die besonderen Umstände heraus. Es sind nicht zuletzt die Reformen, die der Abtrünnige schließlich infolge seiner kaiserlichen Macht so energisch betrieb, wie es keiner jener späteren Apostaten vermochte. In seinen jungen Jahren hatte der Abfall vom rechten Glauben noch keine nach außen wirkende Konsequenz. Noch war Julian ein Mystiker, der zwar den Tatmenschen ahnen ließ, dem aber jeder Zugang zur staatsmännischen Betätigung fehlte. Er wußte, daß er sein Temperament zügeln mußte, wenn er die Stunde erleben wollte, in der er zur Rettung des Hellenentums antreten konnte.

Julian entwickelte sich zu einem Traditionalisten. Was ihm die »Galiläer« boten, erschien ihm als Neuerungssucht, welche die griechisch-römische Kultur in Gefahr brachte. Dabei waren die Christen keineswegs eine geschlossene Religionsgemeinschaft, Häresie und Schisma, Bannflüche von beiden Seiten, boten kein anziehendes Bild. »Man hat Julian durch den Beinamen des Apostaten herabwürdigen und als Fahnenflüchtigen brandmarken wollen. Er selbst fühlte sich berechtigt, den gleichen Vorwurf gegen Constantin zu erheben, denn nichts war in seinen Augen verächtlicher als die Verleugnung dessen, was man seinen Vätern verdankt. Heute, nach mehr als 1500 Jahren, kann die Apostasie des Julian nur denjenigen als widersinnig erscheinen, die nichts anderes darin zu sehen vermögen als die Aussichtslosigkeit der Anstrengungen des Kaisers und den Triumph der Kirche, den ihre Verteidiger als ein stets sich erneuerndes Wunder bezeichnen. Den Zeitgenossen kam sein Abfall weder widersinnig noch lächerlich vor. Wäre es anders gewesen, so hätten sich die Christen der damaligen Zeit nicht so leidenschaftlich dagegen ereifert und sich nicht so angestrengt, ihn als Irrtum darzustellen. Die Hartnäckigkeit ihrer Bemühungen beweist, wie wichtig es ihnen war, daß dieses Beispiel keine Nachahmung fand. An Julians Verhalten hat die Verteidiger der Kirche am meisten die Tatsache entrüstet, daß er nicht bereit war, dem antiken Schrifttum eine Trennung von Gehalt und Gestalt zuzugestehen, daß er das Griechentum ganz und nur für diejenigen an Anspruch nahm, die sich auch zum alten mythologischen Götterglauben bekannten.«[12]

355 schickt Constantius Julian nach Gallien. Hier arbeitet er sich in staatsmännische Aufgaben ein. Zwei Jahre später gelingt es ihm, eindringende Franken und Alemannen zu besiegen. Er erläßt Verordnungen, die das Land befriedigen und gelangt zu hohem Ansehen.

Constantius wittert Gefahr. Er will seine besten Truppen abziehen. In dieser Stunde muß sich Julian entscheiden. Seine Soldaten rufen ihn zum Augustus aus. Da bleibt ihm keine Wahl, er muß sich auf die Auseinandersetzung mit dem regierenden Kaiser einstellen. In einem Blitzfeldzug besetzt er die Donauländer. Bevor es zur Konfrontation mit Constantius kommt, erkrankt dieser lebensgefährlich, doch bevor er stirbt, ernennt er Julian zu seinem Nachfolger, der somit ganz legal zur Macht gelangt.

Während der nur zwanzig Monate dauernden Herrschaft, reorganisierte Julian das Reich. In Redlichkeit, Pflichterfüllung und Aufopferungswillen war ihm Marc Aurel das große Vorbild. Von Jugend an waren ihm dessen »Selbstbetrachtungen« vertraut. Voller Eifer widmete er sich der Beseitigung der ungezählten Mißstände und bemühte sich um eine korrekte Reichsverwaltung.

Als Julian die Herrschaft antrat, war die Macht des Heidentums bereits stark eingeschränkt. Die heidnischen Priester, ihrer Einkünfte und ihres Ansehens beraubt, waren vielfach Bettler geworden, viele Tempel oder Bildsäulen waren zerstört, die Heiligtümer ihrer Schätze beraubt. Privatleute hatten sich der Götterstatuen bemächtigt und sie zur Zierde in ihren Gärten aufgestellt, ohne dort noch Andachtsübungen zu verrichten. Die Kirche hatte die heidnischen Liegenschaften übernommen, auf denen einstmals Spiele oder kultische Feste stattgefunden hatten. Als Julian Ende 361 sein Toleranzedikt erließ, gestattete er damit jedermann, ohne jede Furcht den alten Götterkulten huldigen zu dürfen. Sehr bald folgte als zweite Maßnahme die Anordnung, die Tempel wieder zu öffnen, und Opfer zu Ehren der Götter auf den Altären darzubringen. Die sich bekämpfenden christlichen Bischöfe und ihre Anhänger rief er auf, ihre Streitigkeiten beiseite zu lassen. Julian wünschte Ruhe und Frieden in Stadt und Land, damit der alte Glaubenseifer wieder erwache, der das Reich groß gemacht hatte. Viele teilten seine Hoffnungen und feierten sie auf zahlreichen Gedenktafeln. Es ist bezeichnend, daß immer wieder solche Inschriften mit Ehrungen Julians aufgefunden wurden, obwohl er nur sehr kurze Zeit wirkte und nach seinem Tode Haß und Zerstörungswut seiner Gegner alles zu vernichten suchten, was an ihn erinnerte.

Mit der Restauration des Heidentums schien sich Julian Zeit zu lassen. Es war auch nicht damit getan, dessen Wiedereinführung zu dekretieren, es mußten sich auch überzeugte Menschen finden, die seine Vorstellungen in die Tat umsetzen. Offensichtlich fehlte es aber vielerorts an Vorkämpfern, welche die Sache ihres Herrschers zu der Angelegenheit ihres eigenen Herzens machten, und dann blieben die Tempel leer. Während im religiösen Bereich Julian immer neue Schwierigkeiten zu überwinden hatte, gelang es ihm durch scharfe Maßnahmen recht schnell, das Postwesen neu zu ordnen und das Heer in einen schlagkräftigen Zustand zu versetzen. Er sorgte dafür, daß nur bewährte Offiziere in Kommandostellen kamen, auch daß es den Soldaten weder an Waffen noch an Bekleidung, an Sold oder Lebensmitteln fehlte.

Die eigentliche Kriegserklärung an das Christentum kam im Juni 362, als Julian durch Dekret entschied, daß die Municipalsenate die sittliche Eignung der Kandidaten für den öffentlichen Unterricht bescheinigen müßten. Nur solche Lehrer dürften die Jugend erziehen, an deren ehrenhafter Gesinnung kein Zweifel bestehe. »Bisher standen viele Gründe dem Tempelbesuch hindernd entgegen, und wenn man seine wahrhafte Meinung über die Götter verbarg, so machten das Bedrohungen von allen Seiten verzeihlich. Nachdem diese Götter uns aber die Freiheit gegeben, erscheint es widersinnig, wenn man die Menschen das lehrt, was man selbst nicht glaubt. Falls diese Leute« – gemeint sind die christlichen Lehrer – »die Autoren, die sie interpretieren und zu deren Propheten sie sich sozusagen machen, als Weise verehren, sollten sie erst einmal versuchen, ihnen in der frommen Gesinnung gegen die Götter nachzueifern.«[13]

Im vierten Jahrhundert begann die Verschmelzung christlicher Lehre mit antikem Gedankengut, aus dem in der Folge die Grundlage der abendländischen Kultur wurde. Julians Eingriff sollte verhindern, daß sich diese Entwicklung fortsetzte, die zu einer Aushöhlung der alten Überlieferung zu führen drohte.

Anders als die letzten heidnischen Kaiser vor ihm erließ Julian nunmehr auch Hirtenbriefe an die Oberpriester des heidnischen Klerus. Es kam ihm darauf an, seine Glaubensvorstellung zu erläutern und darauf hinzuwirken, was als Sittengesetz anzusehen sei, denn Julian wollte nicht den alten Glauben beleben, sondern predigt einen neuheidnischen Synkretismus, der die Elemente alter Glaubensvorstellungen mit neuplatonischen vereinigt und die mystisch-magischen Riten der Mysterien aufnimmt.

Den Bemühungen blieb letzten Endes der Erfolg versagt. Julian wollte zuviel auf einmal, und das Rad der Entwicklung ließ sich nicht mehr zurückdrehen. Äußere Feinde bedrohten das Reich und erforderten volle Aufmerksamkeit. So mußte der Kaiser den Zug gegen das Perserreich vorbereiten. Er tat es wohl in der Hoffnung, in die Heimat Mithras' vorzustoßen, zu dem er täglich betete und dem er opferte.

Seit Julian in die Mysterien Mithras' eingeweiht worden war, fühlte er sich der Bruderschaft verpflichtet. Hier liegt der Grund, warum er seine Offiziere als Kameraden behandelte und sich als Erster unter Gleichen fühlte. Als ihn die Soldaten in Gallien zum Augustus ausgerufen hatten, weigerte er sich, das Diadem zu tragen, da der Ruhm und seine Insignien allein Mithras zustünden.

Dem Beispiel des Gottes folgend, hatte er Keuschheit geübt. Die kleine Lampe seiner Nächte hätte davon Zeugnis ablegen können, schrieb ein zeitgenössischer Biograph.

Eine vom Kaiser verfaßte Legende stellte die Gebote des Mithras dar: Der Sonnenkönig, Mithras, habe ihn, Julian, eines Tages auf eine Höhe geführt und ihm gezeigt, wie in einem Tal der Tränen armselige Herden der Habgier ihrer Hirten ausgeliefert waren. Da habe ihn sein Gott angerufen, diese Herden, mit denen die Völker des Reiches gemeint waren, von der Ausbeutung und Mißhandlung durch schlechte Hirten zu retten. Zweimal hintereinander schrieb ihm der Gott genau vor, wie er sich zu verhalten habe: Den Schmeichlern mißtrauen, die Untertanen in Güte regieren, die Götter fromm verehren, Enthaltsamkeit und Selbstzucht zu üben.

Die meisten unter Julians Vertrauten, sowohl Beamte wie Offiziere, bekannten sich zu Mithras. In dieser letzten Phase des Bestehens des Kultes hatte die Mysterienlehre sich gewandelt. Der Kult konnte sich nicht mehr darauf beschränken, dem einzelnen moralischen Rückenhalt zu geben; um zur allgemeinen und staatserhaltenden Religion zu werden und gemeinsam mit den letzten Verfechtern hellenistischer Kultur wirken zu können, mußte sich der Mithraismus den weitgehenden Forderungen nach einer philosophischen Ausdeutung anpassen. So wurde Mithras mit dem Sonnengott identifiziert, der bedeutungsvollsten Manifestation des höchsten Wesens, war aber zugleich auch Apollo, Phaeton, Hyperion, Prometheus. Wie Bidez herausfand, wurden die verschiedenen griechisch-römischen Gottheiten von Serapis bis Dionysos nur Symbole eines vielfachen Ausdrucks seiner Machtentfaltung und der wechselnden Formen seines Wirkens.

Wenn ein theologischer Historiker wie H. v. Soden Julians Restaurationsversuch als eine romantische Reaktion, als eine Episode abtut, die neuromantische Gegner des Christentums wie Ibsen immer wieder anzuziehen vermochte, aber geschichtlich bedeutungslos sei, kann dies nur im Hinblick auf das Ziel gelten, das sich das Christentum nach seiner Erhebung zur Reichskirche gestellt hatte, nämlich die religiöse Alleinherrschaft durchzusetzen und zu verwirklichen, was im Edikt der Kaiser Theodosius und Gracian programmatisch festgelegt war: »Alle Völker, über die unsere Milde regiert, sollen nach unserem Willen in der Religion wandeln, die der göttliche Apostel Petrus den Römern gepredigt hat ...«

Mit dem Sieg Konstantins d. Gr. an der Milvischen Brücke (312) war jene historische Entwicklung angebahnt worden, die Julian nicht mehr aufhalten konnte. Dennoch war sein Versuch kein historisch bedeutungsloses Unterfangen. Es ist müßig zu fragen, was geschehen wäre, wenn ein Kaiser von der geistig-sittlich-religiösen Qualität Julians ein halbes Jahrhundert zuvor in die Auseinandersetzung zwischen Christentum und Heidentum eingegriffen hätte.

Die Toleranz gegenüber den vielfältigen Kulten war im Römerreich bemerkenswert und selbstverständlich, solange die einzelnen Kulte sich nicht gegen die kaiserliche Herrschaft aussprachen, wie die Christen durch Verweigerung des geforderten Opfers und durch ihren Totalitätsanspruch. Das Nebeneinander der verschiedenen Kulte hatte im Laufe der Zeit zu einer Ablösung oder Auflockerung des antiken römischen Nationalkultes geführt. So wandten sich die christlichen Apologeten auch vor allem gegen die orientalischen Kulte, die ihrerseits die Gefahr erkannten, die ihnen vom aufstrebenden Christentum her drohte. Nur deswegen konnte es Julian in der so kurzen Zeit seiner Regierung gelingen, die verschiedenen geistigen Strömungen, wie sie die orientalischen Kulte darstellten, zu bündeln.

Firmicus Maternus hatte sie den vier Elementen zugeordnet, und zwar unter dem Gesichtspunkt ihrer Herkunft: In den aus Ägypten stammenden Kulten sah er das wässrige Element verkörpert, weil der Nil die Lebensader Ägyptens war, die phrygischen repräsentierten die Erde, die Große Mutter aller Dinge, während er in syrischen und karthagischen Kulten eine Zuordnung zum Luftelement sah, da die Verehrung der Juno Caelestis bei ihnen eine Rolle spielte. Die persische Mithrasreligion aber hatte Beziehungen zum Feuer, eine Einteilung, die Ordnungsgedanken verrät und zeigt, wie sehr es der Zug der Zeit war, die heidnischen Kulte auf einen gemeinsamen Nenner abzustimmen.

Der Mithraismus liefert das beste Beispiel dafür, wie sich eine barbarische Naturreligion zu wandeln vermochte und philosophisch ausdeutbar wurde. Firmicus Maternus führte aus, daß man in den vier Elementen eben nicht mehr die Grundsubstanzen der Welt, sondern die Hauptprinzipien sah, aus denen sie sich aufbaute, die in ihrer Mischung oder Gegensätzlichkeit alle Erscheinungen der sinnlichen Welt verursachten.

Dennoch behielt gerade der einfache Mann Zugang zu dieser Religion. Die grausamen Bräuche der Urzeit waren gemäßigt, die Roheit gewichen, der primitive Symbolismus idealisiert. Der Zug zur Verinnerlichung ist nicht zu übersehen. Waschungen als äußere rituelle Handlungen wurden von den Bekennern sinnbildlich für die Reinigung der Seele von Sünden und Makel verstanden. Die in einigen orientalischen Kulten vorhandenen Orgien wurden entschärft, bedenklich erscheinende Mythen zu frommen Erzählungen stilisiert. Wo diese Entwicklung sich nicht unter dem Druck der christlichen Konkurrenz freiwillig vollzog, half Julian durch Verordnungen nach.

Allerdings beließ er es nicht dabei, die neue Staatsreligion sozusagen auf dem Amtswege zu schaffen. Er wurde selbst zum Lehrer, der neben allen Staatsgeschäften noch Zeit fand, die geistig-religiösen Lehren zu durchdenken und zu interpretieren. Beispielsweise genügt ihm die naturalistische Erklärung nicht, die Porphyrios (233–304) von Attis gab, indem er dessen Legende als Symbol des Jahreskreislaufs deutete, in seiner Jugendfrische das Wachsen, im Dahinwelken das alljährliche Absterben zu sehen.

Julian deutete die Kybelefabel recht romantisch, was seinem Wunsch entsprang, das mystische Geschehen um die Göttin und um Attis in einen kosmologischen Zusammenhang zu stellen – entsprechend der Meinung der Neuplatoniker, daß sich über den sieben Planeten und der Sternensphäre der Himmel befinde, in dem die göttlichen Wesen wohnen. Er denkt ihn sich als Stufenhimmel mit einer weiteren Sphäre. Sie ist das Reich der reinen Ideen, der ewigen Gesetze und Formen, die als Urbilder verstanden und als die »Intelligiblen« bezeichnet werden.

Unter Kybele begreift Julian nun die Vorsehung. Sie schafft das Schöne und Herrliche in unserer Welt und wird damit zur Quelle ihrer Ideen. Aber diese Ideen müssen Gestalt annehmen. Dies geschieht in den intellektuellen

Göttern. Diese schaffen die Gottheiten der sichtbaren Welt und lenken sie. Da Kybele am Anfang dieses Entwicklungsprozesses steht, heißt sie mit Recht die Große Mutter.

Attis tritt nach Julian zwar als Hirtenjüngling auf, ist aber der Weltschöpfer, der »Demiurg«, d.h. Werkmeister. Er ist nicht etwa die oberste Gottheit, sondern steht als Mittler zwischen dieser und der Welt. Als solcher begreift er in sich alle Formprinzipien der materiellen Welt.

In der Liebe Kybeles zu Attis sieht Julian die Forderung der Vorsehung, daß Attis sich nicht von der Betrachtung des Höchsten und Reinen abwenden dürfe. Er soll sich nicht an die materielle, irdische Vielfalt verlieren und sich damit erniedrigen. Nur die stete Hinwendung zum Intelligiblen bringt jene Kraft hervor, welche die ursprünglichen Wesenheiten zusammengehören läßt. Als Attis beinahe in einem der reißenden Gebirgsbäche ertrunken wäre, wird er von Kybele gerettet, wodurch ihm der hehre Auftrag erteilt wurde. Zum sichtbaren Zeichen dessen schmückte ihn Kybele mit einer Tiara, die mit Sternen besetzt war. Sie ist das Symbol der Milchstraße, jener Scheidewand, welche die erhabenen Götter geschaffen haben, um die unwandelbaren Regionen des Äthers von unserer Welt zu trennen. Attis aber versagte. Er hielt nicht den Blick auf die Intelligiblen gerichtet, sondern ließ sich von einer schönen Wassernymphe verführen.

Voller Liebessehnsucht folgte er ihr in ihre Grotte und verfiel damit dem Verlangen der Triebe, stürzte über die Fallstricke jener kosmischen Mächte, welche die Seelen für ihre Werke einsetzen wollen, für den Kreislauf des Irdischen. Zwar konnte die Nymphe Attis verführen, aber es kommt zu keiner Zeugung, denn ein Löwe tritt auf – Werkzeug des Sonnengottes, der Ordnung, Gesetz und Harmonie symbolisiert – der den vor Verlangen Rasenden abhält, so daß dieser in Wahnsinn verfällt und sich selbst entmannt. Kybele sucht Attis und heilt ihn. Er gewinnt seine Potenz zurück und wendet sich seiner Retterin zu, folgt ihr in ihr Reich.

Dies ist die Allegorie des Weges, den die Seelen nehmen, wenn sie als Funken des himmlischen Feuers zur Erde gefallen, wieder aufwärts steigen, dem Licht entgegen, das der Sonnengott leuchten läßt. Er ist es, der den gefallenen und reuigen Seelen die Erkenntnis von der Gerechtigkeit, der Harmonie und der Einheit des Göttlichen schenkt.

Diese Auslegung der Kybelefabel erklärt auch die wichtige Rolle des Sonnengottes, unter dessen Schutz sich Julian gestellt sah, und seines Tieres, des Löwen. Symbolisch steht er für das Feuer und für dessen reinigende Kraft, natursymbolisch für den Frühling. Es ist das neue Licht, das ab 21. März zunimmt, welches das Rettungswerk an Attis vollbringt, und eben deshalb wurden die Feste der Kybele auf den Frühlingsanfang verlegt. Dadurch, daß der Sonnengott in dieser Rolle zum Schutzgott des Kybelekultes wurde und auch für Mithras zuständig war, ergab sich eine Erklärung für die Verwandtschaft und Ergänzung der beiden Religionen.

Es kann kein Zweifel bestehen, daß Julian so dem reformierten römischen Heidentum einen neuen Glanz zu geben wußte und daß er damit, wenn auch nur für ganz kurze Zeit, die edelsten Züge des Hellenismus aufleuchten ließ.

Was Julian als nunmehr recht geschlossenes heidnisches Glaubenssystem den religiös wie politisch verunsicherten Bewohnern seines Herrschaftsreiches anbot, war indessen kaum noch eine rechte Alternative zum Christentum. Es mag die Tragik des letzten heidnischen Kaisers sein, daß gerade die von ihm betriebene oder geförderte Vereinheitlichung neuheidnisch-hellenistischen Denkens es dem von ihm bekämpften Christentum ermöglichte, so rasch die geistig-religiöse Erbschaft als Staatsreligion anzutreten.

Bei dem übergroßen Interesse der Menschen an der Religion hat es auch nicht an Versuchen gefehlt, das Wesen

Zervans den Gläubigen verständlich zu machen. Die plausibelste Erklärung schien zu sein, ihn mit einem Herrscher gleichzusetzen. Als Souverän regiert er das Reich, wobei die einzelnen Götter seine Würdenträger und Beauftragten sind. Wenn die Menschen sich mit Wünschen und Gebeten an sie wenden, leiten diese die Bitten weiter. Umgekehrt führen sie den Willen ihres obersten Herrn aus. Maximus von Madaura hat von der obersten Gottheit als unendliche Macht, eine mehr philosophische Vorstellung: »Es gibt nur einen höchsten und einzigen Gott, ohne Anfang und ohne Ende, dessen in der Welt verbreitete Kräfte wir unter verschiedenen Bezeichnungen anrufen, weil wir seinen wahren Namen nicht kennen, und indem wir unsere demütigen Bitten nacheinander an seine verschiedenen Glieder richten, suchen wir ihn ganz zu ehren. Dank der Vermittlung der untergeordneten Götter wird dieser ihr und aller Sterblichen gemeinsamer Vater auf tausend Weisen von Menschen geehrt, die so in ihrer Uneinigkeit einig bleiben.«[14]

Der Gläubige konnte im Kosmischen seine Heimat finden; daß er auch auf Erden nicht zu kurz kam, suchte Julian vor allem dadurch zu fördern, daß er das Zusammengehörigkeitsgefühl stärkte, wie es das mithrische Bruderschafts- oder Kameradschaftsdenken bewirkte. Er wollte es zur Nächstenliebe in der Art christlicher Caritas entwickeln.

XIII

GNOSIS, MANI UND WAS VOM MITHRAISMUS ÜBRIGBLIEB

Im zweiten Kapitel seines ersten Briefes an die Korinther hatte der Apostel Paulus ein sehr bedeutsames Wort ausgesprochen: »Der Geist erforscht alle Dinge, auch die Tiefen der Gottheit.« Das war sozusagen ein Freibrief für jene Christen, die nicht allein auf den Glauben vertrauen mochten, sondern die es nach Wissen verlangte, d.h. nach Erkenntnis (griech. gnosis). Was die heidnischen Kulte anziehend machte, war die Selbstbestimmung im Handeln, das Gefühl, selbst auf die Erlösung hinwirken zu können, denn in der Seele des Menschen tobt der Kampf zwischen Gut und Böse. Es kommt darauf an, für das Gute aktiv Partei zu ergreifen, was zur Voraussetzung hat, daß man sich seines eigenen Standortes in der Welt bewußt ist. Also hatte sich jeder zu fragen, wer bin ich, woher komme ich, wohin gehe ich? Was bedeutet unsere Geburt und wie steht es mit der Wiedergeburt?

Für Kirchenväter wie Origenes und Clemens von Alexandria war die Sache klar: Jesus Christus war als Erlöser auf die Welt gekommen, demnach konnte alles Ausforschen der Zusammenhänge, eben das Streben nach Erkenntnis, nur dazu dienen, Vernunftgründe für den Glauben zu finden. Dabei kam Origenes (184–254) neuplatonischen Auffassungen recht nahe, was ihn der Häresie verdächtig machte. Er führte ein asketisches Leben, er hatte sich sogar selbst entmannt, um nicht vom Streben nach der rechten geistigen

Erkenntnis abgelenkt zu werden. In der Trinität stand nach seiner Auffassung Gottvater an der Spitze, sein Sohn war ihm untergeordnet und diesem wieder der Heilige Geist. Damit war der Erlöser von Gott, dem Schöpfer, durch eine verschiedene Aufgabenstellung unterschieden. Dies war eine Antwort auf die Frage, warum der allmächtige und gute Gott eine Welt geschaffen habe, in welcher die Menschen der Erlösung vom Bösen bedurften.

Zarathustra nahm bekanntlich das Böse als von Anfang an gegeben an, und die Aufgabe des Menschen war, den Scharen Ahura Mazdas im Kampf gegen Ahriman und seine Dämonen beizustehen. Bei dieser Auseinandersetzung zählte Ahura Mazda folglich auf jeden einzelnen, auf dessen guten Willen und dessen gute Taten. Dieser Dualismus hatte die Anhänger von Mithras aktiviert und floß in die Vorstellungen der Gnostiker ein: Es kommt weniger darauf an, zu glauben, d.h. auf Gnade und Erlösung zu hoffen, sondern zunächst den Kampf zwischen Gut und Böse in sich selbst zu erkennen. Dies geschieht nicht so sehr durch den Intellekt als vielmehr durch das Hinabtauchen in die eigene Seele. Damit ordnet sich die Gnostik der Mystik zu, denn griech. myein heißt die Augen schließen. Erkennen und Schauen sind die Voraussetzung der Vereinigung mit Gott, der unio mystica. Dieser Welt des Tiefreligiösen war mit präzisen Begriffen nicht beizukommen, weshalb Allegorien, mythische Bilder und Gestalten in das gnostische Denken Eingang fanden. Auch in dieser Beziehung stehen die Mysterienreligionen Pate, und es gibt ungezählte Parallelen.

Die Lehren der Gnosis gehen auf Plato und Plotin zurück, wenn sie den göttlichen Funken in der dunklen Materie als gefangen ansehen. Durch ein asketisches, frommes Leben kann jeder dem göttlichen Licht in seiner Seele zur Freiheit verhelfen. Das »Licht« schickt Gesandte in die niedere, materielle Welt, die dort wie Christus die Seelenfunken um sich versammeln und ihnen den Weg in die Heimat des Lichtes weisen.

Die Auseinandersetzung mit dem Gnostizismus blieb nicht auf der Antike beschränkt. Noch im Mittelalter macht die zahlenmäßig recht starke Sekte der Katharer von sich reden. Alles Irdische ist böse, ist teuflischer Natur und nur durch Askese zu überwinden. Bis 1330 wurden die »Albigenser« durch Kriege, Kreuzzüge und durch die Inquisition verfolgt.

Nahezu ein ganzes Jahrtausend hatten sich die offizielle kirchliche Lehrmeinung wie ihr bewaffneter Arm mit den Erben von Mithras und Mani auseinanderzusetzen; denn Mani war der letzte heidnische Religionsstifter, der in der Antike auftrat. Obwohl Mani zu Beginn der Hochblüte des Mithraismus lebte (216–277), hat seine Lehre, der Manichäismus, sich weit verbreitet.

Mani wurde 216 in Babylon geboren. Seine Mutter war eine parthische Prinzessin aus dem Königshaus der Arsakiden, so daß auch sein Vater Patek von sehr vornehmer Abkunft gewesen sein muß. Er bekannte sich zu einer asketischen Täufergemeinde. Mani gibt an, daß ihm mit zwölf Jahren ein Offenbarungsengel erschienen sei, der ihn auf sein späteres Leben hinwies und der ihm dann, als er 24 Jahre alt war, den Auftrag überbracht habe, öffentlich zu lehren. Das geschah erstmals am 20. März 242, dem Krönungstag König Schapurs I. Mani hatte Persien, Turkestan und Indien bereist, und sah Buddha, Zarathustra und Jesus als seine Vorläufer an. Im Sinne der gnostischen Lehren hielt er sich für einen Erlöser, der den Auftrag hatte, den Menschen den Weg zu zeigen, wie sie sich selbst aus der Welt der Finsternis erlösen könnten, denn nach der persischen Lehre nahm er die zwei von Ewigkeit her einander gegenüberstehenden Reiche des Lichtes und der Finsternis als gegeben an. Das Göttliche kommt auf der Erde gar nicht rein vor, der Geist ist vielmehr im Materiellen gefangen. Die

Lichtseele muß aus den Hüllen der Materie durch die göttlichen Lichtboten erweckt werden. Wie es bei den Buddhisten Mönche und Laien gibt, gliederten sich die Manichäer in »Wissende«, denen Handarbeit verboten und strenges Fasten und Zölibat aufgetragen waren, und »Hörer«, für die die Gebote milder waren.

Sechs der sieben Hauptschriften Manis sind in Aramäisch abgefaßt, nur eine in persischer Sprache. Dies ist ein Indiz dafür, daß er Babylon und nicht Persien als seine Heimat ansah, ein anderes ist der Glaube an Gestirne, wie ihn die Sabier, eine Täufersekte dieses Gebietes, kannte. Sonne und Mond spielen beim Aufstieg der Seele in den Himmel eine Rolle. Obwohl persischer Herkunft, hat Mani durch die Aufnahme chaldäischer Lehren in seine Religion babylonische Traditionen aufgegriffen. Fixsterne und Planeten gelten jedoch als Herrscher über die niedere Welt der Sünde, ihr Licht ist nicht das Licht der wahren Sonne, des obersten Schöpfers, sondern ist dunkel. Daher sind sie für ihn dämonisch. Das Schicksal, das sie bezeichnen, kann der Fromme überwinden.

Der Manichäismus war keine Mysterienreligion, er wurde vorwiegend durch Kaufleute verbreitet. Zu seinen Lebzeiten war Mani der eifrigste Prediger seiner Lehre, nach welcher jeder Mensch seinen festen Platz im kosmischen Entwicklungsprozeß hat, der mit der Urzeit begann und zur Endzeit hinführt, in der die Trennung des Lichtes von der Finsternis erfolgen wird. Indem der Mensch zehn Gebote achtet (außer den drei bereits erwähnten drei Vermeidung von Geiz und Lüge), trägt er zum Siege des Lichtes bei und gewinnt damit auch das eigene Seelenheil.

Mani fand großen Zulauf, auch der persische Hof war ihm zunächst gewogen. Erst der persische Großkönig Bahram I. ließ Mani nach einem Disput mit dem Oberpriester in Ketten legen. Am 26. Februar 277 gegen 11 Uhr vormittags wurde Mani in der Nähe von Susa gekreuzigt, es wurde ihm die Haut abgezogen und diese mit Stroh ausgestopft ausgestellt, zur Warnung an alle, nicht vom »rechten Glauben« abzufallen. Damit war der Versuch gescheitert, die Lehre Zarathustras mit der Jesu Christi zu vereinen. Mani teilte das Schicksal derer, die sehr zum Mißvergnügen der jeweiligen Herrscher eigene Ideen entwickeln und diese furchtlos bekennen. Wie die Geschichte aller Epochen lehrt, blieb solches nicht nur auf die Religion beschränkt.

Das Altarbild von Heddernheim/Nidda bei Frankfurt/M.

Der Reliefblock aus Sandstein – heute im Landesmuseum Wiesbaden – ist 1.80 m hoch, 1.76 m breit und 0.22 m tief. Das Mittelfeld des Altarbildes ist drehbar und stellt auf der Rückseite ein mithrisches Mahl dar. Der Hauptteil der Vorderseite zeigt Mithras, wie er den Stier tötet. Der Rabe sitzt auf dem Umhang, links steht Cautopates mit gesenkter, rechts Cautes mit erhobener Fackel vor einem Baum, um den sich eine Schlange ringelt. Der Schwanz des Stiers mündet in drei Ähren. Während der Hund den Stier anspringt, beißt ihm der Skorpion in die Genitalien.
Über der Grotte spannt sich das Band des Tierkreises mit seinen zwölf Zeichen von Widder bis zu den Fischen.
Die Zwickelfelder zwischen dem Tierkreisbogen und dem darüber liegenden Bildstreifen zeigen das Wasserwunder: Mithras schießt auf den Felsen, vor dem eine Gestalt kniet. Der Bildstreifen ist durch drei Bäume in vier

Abteilungen gegliedert. Sie zeigen von links nach rechts Mithras im Baum; der Gott schleppt den Stier davon, während sich am Boden die Schlange ringelt; Mithras geht mit ausgestrechten Händen auf Sol zu, und rechts kniet dieser vor Mithras. Die vier Medaillons in den Ecken stellen die vier Windgötter mit Flügelhelmen dar. Im Bildstreifen oben besteigt Mithras die Quadriga von Sol, um in den Himmel aufzufahren; rechts das Zweigespann von Luna, im Abstieg begriffen. Die Büsten auf den senkrecht verlaufenden Bildleisten stellen links unten den Winter dar. Auf der linken Seite ist Juppiter im Kampf zu sehen, darunter der ruhende Saturn, auf der rechten Seite die Geburt des Mithras aus dem Felsen; der nackte Gott bricht einen Zweig von einem Busch. (Museum Wiesbaden, Sammlung Nassauischer Altertümer.)

Bei der weißen Marmorstatue des *Zervan-Aion* (Fundort vermutlich Rom; siehe Abbildung auf dem Frontispiz) windet sich eine Schlange um den Körper eines kräftigen geflügelten Mannes, der auf einer Kugel steht, bis über dessen Löwenhaupt hinaus. Als Symbole der vier Jahreszeiten sind die Tierkreiszeichen Widder und Waage auf der Brust, Krebs und Steinbock auf den Oberschenkeln abegebildet. Die rechte Hand hält den Schaft einer Fackel (?), die linke einen Donnerkeil (?). Die Genitalien sind verdeckt.

ANHANG

ANMERKUNGEN

[1] Jaques Duchesne-Guillemin, Symbolik des Parsismus, Stuttgart 1961, S. 9.
[2] Nach K. F. David, Anthroposophie und Astrologie, URANIA Nr. 2, Bietigheim 1974.
[3] Schwabe, J., Archetyp und Tierkreis, Basel 1951, S. 37.
[4] Vermaseren, Mithras, Geschichte eines Kultes, Stuttgart 1965, S. 83.
[5] Vermaseren, a.a.O., S. 137.
[6] Vermaseren, a.a.O., S. 119.
[7] Vermaseren, a.a.O., S. 106.
[8] Franz Cumont, die Mysterien des Mithra, Leipzig/Berlin, 3. Aufl. 1923, S. 155.
[9] H. v. Soden, Vom Urchristentum zum Katholizismus, Leipzig/Berlin 1919, S. 50.
[10] Frank Thiess, Das Reich der Dämonen, Hamburg/Wien 1968, S. 185.
[11] Bidez, Joseph, Kaiser Julian, München 1956, S. 54.
[12] Bidez, a.a.O., S. 62.
[13] Bidez, a.a.O., S. 171.
[14] Franz Cumont, Die orientalischen Religionen im römischen Heidentum, Leipzig/Berlin 1914, S. 239.

LITERATUR

Anrich, G., Das antike Mysterienwesen in seinem Einfluß auf das Christentum, Göttingen 1894.

Bidez, J., Kaiser Julian, Hamburg 1956 Boll/Bezold/Gundel, Sternglaube und Sterndeutung, Leipzig/Berlin, 4. Aufl. 1931.

Böttcher, H. M., Sterne, Schicksal und Propheten, München 1965.

Bultmann, R., Das Urchristentum im Rahmen der antiken Religionen, Zürich 1949.

Clemen, C., Der Mithrasmythus, Bonner Jahrbücher 142, 1937.

Clemen, C., Religionen der Erde, München 1949.

Cumont, F., Die orientalischen Religionen im römischen Heidentum, Leipzig/Berlin, 2. Aufl. 1914.

Cumont, F., Die Mysterien des Mithra – Ein Beitrag zur Religionsgeschichte der römischen Kaiserzeit, Leipzig/Berlin, 3. Aufl. 1925.

Duchesne-Guillemin, J., Symbolik des Parsismus, Stuttgart 1961.

Frankhauser, Al., Magie, Zürich/Leipzig 1934.

Grossmann, H., Die orientalischen Religionen im hellenistisch-römischen Zeitalter, Berlin/Leipzig 1930.

Harnack, A. v., Die Mission und Ausbreitung des Christentums, 2. Bd., Leipzig 1924.

Harnack, A. v., Militia Christi, Darmstadt 1963 Hönn, K., Konstantin der Große, Leipzig 1945.
Jacoby, A., Die antiken Mysterienreligionen und das Christentum, Tübingen 1910.
Knappich, W., Geschichte der Astrologie, Frankfurt/M. 1967.
Ling, T., Die Universalität der Religion – Geschichte und vergleichende Deutung, München.
1968 Müller, A., Das Problem der Ganzheit in der Biologie, Freiburg/München 1967.
Osten, H. H. v. d., Die Welt der Perser, Stuttgart 4. Aufl. 1962.
Reitzenstein, R., Die hellenistischen Mysterienreligionen nach ihren Grundgedanken und Wirkungen, Leipzig/Berlin 3. Aufl. 1927.
Seligman, K., Das Weltreich der Magie, Wiesbaden o.J.
Schoeps, H.-J., Religionen, Gütersloh 1961.
Schütze, A., Mithras, Stuttgart 1972.
Schwabe, J., Archetyp und Tierkreis, Basel 1951.
Soden, H. Frh. v., Vom Urchristentum zum Katholizismus, Leipzig/Berlin 1919.
Szczesny, G., Die Zukunft des Unglaubens, München 1959.
Thieß, F., Das Reich der Dämonen, Hamburg/Wien 1968.
Vermaseren, M. J., Corpus Insriptionum et Monumentorum Religionis Mithriacae, Den Haag 1956–1960.
Vermaseren, M. J., Mithras, Geschichte eines Kultes, Stuttgart 1965.
Vermaseren, M. J., Der Kult Mithras im römischen Germanien, Stuttgart 1974.
Vogt, J., Constantin der Große und sein Jahrhundert, München 1949.

VERÖFFENTLICHUNGEN DES AUTORS

1973 *Helfen Horoskope? – Testen Sie selbst Astrologie!* Bietigheim.
Otto Rumburg, Horoskope und Politik – So stellen Sie Selbst Prognosen zum Zeitgeschen. Bieitgheim.
1975 *Die Sterne haben doch recht.* Düsseldorf/Wien.
1979 *Die große Partnerschaftsanalyse.* Bietigheim.
1983 *Das große Transitbuch zur astrologischen Prognose.* 2. erw. Auflage, Bietigheim.
1984 *Die Prognose nach dem Geburtshoroskop.* Bietigheim.
Glücklich durch richtige Partnerwahl – die zwölf antiken Tierkreiszeichen neu gesehen. Bietigheim.
1985 *Die Deutung des Solarhoroskops und aller Grade des Zodiaks.* Bietigheim.
1986 *Das Astrobuch von Menschen – Wetter – Wein.* Hg. von GEWA-Druck, Bingen, und Graphische Kunstanstalt Rheinberger GmbH, Bad Dürkheim.
1987 *Das Sonnenhoroskop.* Rastatt.
1989 *Handdeutung und Horoskop.* Rastatt.

Alexander von Prònay ist seit 1973 Herausgeber und Redakteur des Lorcher Astrologischen Kalenders; Rohm Verlag, Bietigheim.